Geschichten zum Problemlösen

In den Gesprächen mit den Kindergärtnerinnen unserer Seminare merkten wir, daß sie sich gerne mit konkreten Problemfällen, die bestimmte Kinder ihrer Gruppe betrafen, gemeinsam mit uns auseinandersetzten. Sie erzählten uns ihre Problemfälle und präsentierten die von ihnen gewählte „einzig richtige Lösung", von der sie überzeugt waren, daß sie der beste Zugang zum Problem sei. Sie berichteten uns auch, wie wenig diese Möglichkeit tatsächlich problemlösend gewesen sei. Ja, und auch wir waren verwundert, daß diese so vernünftig „behirnten" Lösungen manchmal so wenig fruchteten.

Einmal meinte eine Teilnehmerin: Dieser Fall erinnert mich an die Geschichte von... – und wir wußten mit einem Mal, worum es in diesem Fall ging. Unzählige Bilder tauchten in unseren Gehirnen auf, wir verglichen in Gedanken, fanden Gleichheiten und Unterschiede, hakten in Gedanken an oder strichen weg. Unser Denken war nicht mehr eingeengt, sondern phantasiereich, unser Denken schwebte im Reich der Tiere, der Feen, der Pflanzen und war nicht länger auf eine Person fixiert, von der wir uns ein eingeschränktes, schwer veränderbares Bild gemacht hatten. Wir sagten uns beim Zuhören der Geschichte: Der Maulwurf heißt zwar Oskar – so wie unser problematisches Kind, aber Oskar ist nicht tatsächlich ein Maulwurf – also dürfen wir nicht nur in diese Richtung denken – oder besser gesagt: wir dürfen auch in andere Richtungen denken, Richtungen, die uns vielleicht auf den richtigen Lösungsweg führen. Geschichten anhören, die unserem Problem ähnlich sind, ist also phantasieanregend – Phantasie ist dort notwendig, wo die „Vernunft" gescheitert ist.

Geschichtenerzählen – ein Erziehungsmittel

Geschichten – wir alle haben sie in unserer Kindheit erlebt – teils spannend, teils erschreckend, teils erheiternd, teils beruhigend, teils tröstend.

Auch als Erwachsene erleben wir Geschichten. Nicht immer spüren wir die gleiche Spannung, den Schrecken, die Heiterkeit, die Beruhigung, den Trost. Das Erzählte hat zum Teil seinen Reiz verloren. Der Realitätsbezug hat Wirkung gezeigt. Und doch, manchmal, wenn wir die Wirklichkeit nicht verstehen können, helfen uns Vergleiche, Symbole und Bilder dabei.

Sobald wir uns in einem der erzählten Bilder entdecken können, hat dieses Bild auf unser Denken und Handeln Einfluß. Wir fühlen uns bestärkt oder verunsichert, behalten unser bisheriges Handeln bei oder fühlen uns gedrängt, es zu verändern. Nach dem Anhören oder Lesen einer

Geschichte sind wir andere Menschen, bestärkte oder verunsicherte.

Geschichtenerzählen ist daher ein geeignetes Werkzeug für Menschen, die verstärken oder verunsichern – auf jeden Fall aber Menschen beeinflussen wollen.

Geschichtenerzählen ist das pädagogische Mittel schlechthin. Es ist spannend für den Erzähler, nicht zu wissen, in welcher Weise die Geschichte den Zuhörer beeinflussen wird – es ist genauso spannend für den Zuhörer abzuwarten, ob die Geschichte ihn verstärken oder verunsichern wird.

Es gibt keine Geschichte, die keine Wirkung hat. Schon die gedankliche Frage: „Hat die Geschichte etwas mit mir zu tun?" bewirkt eine intensive Auseinandersetzung mit dem Selbst.

Die in diesem Buch gesammelten Geschichten wurden von Kindergärtnerinnen und von Lehrern geschrieben. Die Tiere, die Pflanzen, die Zwerge sind erfunden – ihre Probleme sind nicht erfunden. Die Autoren dachten dabei immer an ein bestimmtes Kind, das sie kennengelernt hatten. Sie haben zumindest einen Teil dieser Geschichte mit dem Kind gemeinsam erlebt.

In manchen Fällen löste sich das Problem, so wie es in der Geschichte in märchenhafter Form wiedergegeben ist, in manchen Fällen wurde eine zukünftige Lösung vorweggenommen, in einem dritten Fall erhoffte man sich durch das Erfinden der Geschichte selber mehr Einblick in das Problem zu bekommen. In einem vierten Fall erwartete man durch das Vorlesen der Geschichte, den anderen Erwachsenen eine Diskussionsgrundlage für eine kollegiale Beratung zu verschaffen. Nicht zuletzt gab es die Erwartung in die Geschichte, daß sie – wenn sie dem Problemkind vorgelesen wird –, diesem die Augen für das Problem öffnen würde.

Nicht selten erlebten wir als Betreuer von Problemkindern ein erheitertes Aufblitzen in den Augen eines Kindes, wenn es sein Problem und sich selber in einer Geschichte erkannt hatte. Manchmal war dieses Aufblitzen in den Augen ein Dämmern, das Betroffenheit vermittelte. Das Kind stellte fest: „Ja, so ist es; ja, so bin ich; ja, so geht es mir auch."

Nicht immer klappten unsere Versuche, für ein bestimmtes Kind eine passende Geschichte zu finden, die beim Problemlösen helfen sollte. Wir sahen es dann auch an den Augen des Kindes, die signalisierten: Das ist eine interessante Geschichte, aber was geht sie mich an?

Wir als Pädagogen beschränken uns darauf, eine Geschichte anzubieten. Das Kind nimmt sich der Geschichte an oder nicht, es erkennt sich darin wieder oder nicht. Das ist dem Kind freigestellt. Ein tieferes Eindringen in die Problematik wäre therapeutisches Handeln.

Geschichten selber erfinden

Denken Sie auch manchmal: „Hätte ich doch jetzt eine Geschichte zur Hand, die gerade für mein Problemkind zutrifft!“? Vielleicht haben Sie Zeit und Muße, in Büchern zu blättern oder in Skripten zu suchen. Meist suchen Sie vergeblich. Haben Sie aber doch eine Geschichte gefunden, hat sich die Situation meist wieder völlig verändert.
Erfinden Sie doch selbst eine Geschichte! Probieren Sie's! Es geht bald leicht von der Hand. Diese Hinweise können Ihnen beim Ausdenken einer Geschichte behilflich sein:

Sammeln Sie zuerst Informationen:

- Welche Personen sind an dem Problem beteiligt, und in welcher Beziehung stehen sie zueinander?

z.B.: *Problem: Zahnarztbesuch*
eine Familie mit einem kleinen Sohn – Zahnärztin

- Welche Begebenheiten zeigen ganz charakteristisch das Problem auf?

z.B.: *Der Bub nascht sehr gerne.*
Die Zähne wackeln.
Die Zähne verfärben sich.

- Was möchte Ihr Problemkind verändert haben? (Wichtig für dieses angestrebte Ziel ist, daß es das Kind selbst erreichen kann.)

z.B.: *Ich möchte zum Zahnarzt gehen, damit ich wieder gesunde Zähne bekomme.*

- Welche Lösungen wurden schon bisher – vergeblich – versucht?

z.B.: *Die Mutter ermahnt ihn, nicht zu naschen und statt dessen Obst und Gemüse zu essen.*

Stellen Sie nun die Geschichte zusammen:

- Wo spielt die Geschichte? Welche „Welt“ suche ich aus?

z.B.: *die Welt der Fabeln, der Tiere, der Blumen, der Gnome,... (Der Phantasie sind hier keine Grenzen gesetzt.)*
kleiner Sohn – kleiner Hase
Zahnärztin – Zahnfee
Naschwerk – weiche Salat- und Löwenzahnblätter

- Die Darsteller und die Handlung sollen nun die Situation des Kindes widerspiegeln, also einen gleichartigen Verlauf haben.

z.B.: *Zähne verfärben sich – Nagezähne werden grün*
Besuch in Zahnarztordination – Gang ins Schloß der Zahnfee; sich auf den Behandlungsstuhl setzen – am Thron Platz nehmen

- Die Geschichte bietet auch eine Lösung an, eine Lösung, die Ihr Problemkind nachleben kann.

z.B.: *Zähne putzen – Zahnfestigkeitspuddingcreme essen.*

Der Aspekt des sozialen Lernens steht bei diesen Geschichten im Vordergrund. Naturwissenschaftliche Tatsachen können zugunsten der sozialpädagogischen Ziele vernachlässigt werden.
Nun wartet die Geschichte nur mehr darauf, vorgelesen zu werden.

Geschichten umbauen

Manchmal finden Sie irgendwo eine Geschichte, vielleicht in diesem Buch oder wo auch immer, doch Sie haben das Gefühl, ganz so paßt sie nicht auf Ihren Fall.

Was hindert Sie, die Geschichte umzuändern? z. B.:

- Die Familienstruktur der Geschichte stimmt mit der Ihres Problemkindes nicht überein. – Bauen Sie diese situationsgerecht um!

Das große Fohlen weidet mit Papahengst und Mamastute auf der großen Wiese.

Das große Fohlen weidet mit Mamastute und Omastute auf der großen Wiese.

- Der Schluß der Geschichte, die Lösung, trifft nicht ganz die Möglichkeiten Ihres Falles. – Erfinden Sie einen passenden Schluß!

Das große Fohlen sucht selbst das verschwundene Babyfohlen und rettet es.

Das große Fohlen hat das Verschwinden bemerkt und gibt Mamastute den entscheidenden Hinweis, wodurch Babyfohlen schnell gerettet werden kann.

- Oder stoppen Sie in der Geschichte und lassen Sie die Phantasie Ihrer Zuhörer arbeiten! „Wie geht die Geschichte weiter?" „Wie geht sie aus?"

(Und alle Lösungsvorschläge, die Ihre Zuhörer äußern, sind gut, denn sie stammen aus deren Welt, deren Erfahrungen und Vorstellungen.)

Die sprachlichen Mittel in den Geschichten

Manche Geschichten erzählen oder lesen wir unseren Zuhörern vor und denken uns, daß sie genau auf das Problem unseres Kindes zutreffen.

Doch wissen wir wirklich so genau, was im Zuhörer vorgeht? Keiner unserer Zuhörer erlebte die Ereignisse genauso, wie wir uns das vorstellen.

Ein möglicher Weg aus diesem Dilemma ist die Unbestimmtheit, d. h.: Ich lasse durch meine Ausdrucksweise, durch die Wahl der Sätze oder Wörter, den Phantasien und Vorstellungen meiner Zuhörer Raum.

Vergleichen Sie z. B.:

Das zarte, rotblonde, mit Bluejeans und einer lilagetupften Bluse bekleidete siebenjährige Mädchen hüpfte lachend vom Garten über die Terrasse ins Wohnzimmer.

Oder:

Das Mädchen ging ins Haus.

Die zweite Aussage läßt meinen Zuhörern offen, sich die Situation selbst vor dem geistigen Auge auszumalen; die erste zeichnet bereits ein stark festgelegtes Bild.

Auch Gefühle lassen sich unbestimmt ausdrücken

Vergleichen Sie z. B.:

Da wurde er auf die kleine Schwester unendlich zornig, weil sie immer zuerst bei Mama kuscheln durfte.

Oder:

Da wurde er zornig.

In der zweiten Aussage ist es wiederum dem Zuhörer überlassen, selbst zu ergänzen: Zornig, auf wen? Zornig, warum? Wie groß ist wirklich der Zorn?
Durch Satz- und Wortwahl haben wir es also in der Hand, den Zuhörern freizustellen, wie sie ihre geistigen Bilder gestalten werden.

Geschichten vorlesen

Wenn wir still für uns alleine Geschichten lesen, werden wir nicht immer die gleiche Stimmung verspüren. Abgesehen davon, daß Inhalt und Schreibstil der Geschichte uns beeinflussen und ihre Eindrücke hinterlassen, bewirken auch äußere und formale Bedingungen das ihrige.
Meist suchen wir uns einen geeigneten Platz – unsere Lieblingscouch, den Ohrensessel, den Liegestuhl unter dem Apfelbaum, ja sogar das „stille Örtchen“ ist uns manchmal ein geborgener Leseplatz. Allzuviel Lärm und Rummel rundherum erlauben allenfalls das Lesen der Zeitung oder das Schmökern in einem Wildwestroman. Gerne lesen wir in Anwesenheit eines oder mehrerer netter Menschen im gemütlichen Wohnzimmer beim heimeligen Holzofen. Das Buch, das ansprechend eingebunden und illustriert ist, strahlt etwas anderes aus, als ein vergilbtes, verstaubtes Taschenbuch.
Nicht zuletzt hängt es von uns selber ab, wie sehr die Wörter, die wir lesen, in unserem Hirn Bilder erzeugen, Leben bekommen, bei uns Gefühle erwecken. Die Wörter und Sätze erzeugen ihre Bilder direkt in uns, enthalten beim Lesen keine Sprachmelodie, die zusätzlich unser Bild manipulieren würde.
Die Befindlichkeit des Lesers beeinflußt das Sinnverständnis des Gelesenen und das Bild, das der Lesende vom Gelesenen hat. Er kann seine Stimmung durch eine Tasse Kaffee beeinflussen und wird die Geschichte anders genießen können. Neben dem Autor ist der Leser für das Erleben der Geschichte verantwortlich.
Anders beim Vorlesen:
Zwischen Geschichtenschreiber und Geschichtenhörer ist der Geschichtenvorleser eingeschaltet. Neben der Befindlichkeit des Zuhörers ist auch die Befindlichkeit und das Verhalten des Vorlesers von Bedeutung. Sitzhaltung, Mimik, Gestik, Lesetempo, Lautstärke, Ausdruck, Tonfärbung und Betonung beeinflussen die Wirkung der Geschichte auf die Zuhörer.

Einige Hinweise fürs Vorlesen:

- Wir suchen uns einen heimeligen Ort, wo man nicht so gedrängt sitzen muß. Das kann eine Leseecke sein oder ein Sesselkreis. Oder es baut sich jeder mit einem kleinen Teppich und einem Polster sein eigenes Leseplätzchen.
- Wir sorgen für Ruhe und angenehmes Licht, lassen bei grellem Sonnenschein die Jalousien herab und schließen bei Straßenlärm das Fenster.
- Der Vorleser sitzt an einem Platz, an dem er von allen gut wahrgenommen werden kann.
- Das Vorlesen findet zu einem Zeitpunkt statt, wo keine Eile vonnöten ist und äußere Störungen, wie Aus- und Eingehen von anderen Personen, eher unwahrscheinlich sind.
- Das Vorlesen soll der Phantasie des einzelnen möglichst viel Raum lassen. Zu starke Betonung, Mimik und Gestik des Vorlesers manipulieren den Zuhörer; seine Phantasie wird eingeengt, zu sehr nimmt die Interpretation des Vorlesers ihn gefangen. Die eigene Lebensgeschichte des Zuhörers wird von der Interpretation und Lebensgeschichte des Vorlesers überdeckt. Andererseits darf das Vorlesen nicht einschläfernd und monoton wirken.

Nach dem Vorlesen

Nachdenken

Die Geschichte wurde zu Ende vorgelesen – was nun?

Ist das Problem gelöst? Sicher nicht! Die Geschichte hat nachdenklich gestimmt. Manche Zuhörer denken lange nach, manche bleiben unberührt.

Wer lange nachdenken und dabei mit seinen Gedanken allein sein will, soll dabei nicht gestört werden.

Wer etwas zum Gehörten sagen will, soll es sagen dürfen; wer nachdenken will, wird dabei weghören – es ist sein Recht. Vielleicht denkt er dabei über sich selber nach – oder über einen Mitmenschen. Dieses Nachdenken bewirkt Veränderungen – in seinen Einstellungen sich selber gegenüber, den anderen gegenüber und in seinem Verhalten gegenüber anderen.

Gedanken äußern

„Eine gruselige Geschichte", „Der kleine Löwe war ein schlimmer, eigensinniger Kerl", „Gottseidank ist ihm noch das Richtige eingefallen", „Ich hätte das nicht so gemacht", „Das ist so wie bei uns in der Gruppe, da gibt es auch ein paar, die immer gleich raufen" ... Solche und ähnliche Äußerungen bekommen wir von den Kindern zu hören. Wir beeinflussen die Aussagen der Kinder nicht, fragen höchstens nach, wie sie das konkret meinen. Es gibt hier kein „Richtig" und kein „Falsch". Jedes Kind hat seinen berechtigten eigenen Eindruck – sein Bild, das ihm niemand nehmen kann. Die Geschichte ist stärker als eine etwaige anschließende Diskussion. Die Diskussion kann das Bild, das durch die Geschichte erzeugt wurde, nicht löschen. Diese Tatsache bestärkt uns darin, auf die problemlösende Kraft von Geschichten zu setzen.

Gedanken und Gefühle zeichnen

Wer will, kann nachher seine Eindrücke „zu Papier bringen". Das können konkrete „Szenenbilder" sein, es ist aber auch abstrakter Ausdruck möglich: z. B. Kritzelbilder. Entsprechende Möglichkeiten des Kritzelns können schon vorher mit den Kindern erprobt worden sein.
Zum Beispiel: „Kritzle den Zorn aufs Papier, den du spürst, wenn dir jemand ein Spielzeug wegnimmt!", „Kritzle das Kuscheln mit dem Teddybären auf das Papier!", „Kritzle das Einschlafen, die Müdigkeit, die Ungeduld, die Freude, die Traurigkeit ..."

Weitererzählen

Wer glaubt, daß die Geschichte noch nicht fertig ist, kann einen Schluß erfinden. Mehrere Schlüsse sind möglich. Der Vorleser kann auch bewußt an einer geeigneten Stelle das Vorlesen unterbrechen und sich die „erfundenen" Schlüsse der Kinder anhören, die dann als gleichwertig dem nachher vorgelesenen gegenüberstehen.
Manche Geschichten provozieren durch ein offenes Ende bewußt das Weitererzählen. Der Vorleser kann auch von den Zuhörern gebeten werden, weiterzuerzählen. Auf die Frage: „Wie geht es denn weiter?" kann die Antwort erfolgen: „Ich weiß es nicht, aber vielleicht ...", oder aber „... Was meint ihr?"
Es können den Kindern auch Alternativen angeboten werden: „Was passiert, falls nun die Geschichte so weitergeht?" Und: „Was passiert aber, falls sie so weitergeht...?"

Veränderungen

Manchmal möchte ein Kind das Bild, das die Geschichte erzeugt, so ändern, daß es auf das eigene Selbst oder auf seine Umwelt besser paßt.
Vielleicht sollte die Hauptfigur in der Geschichte nicht ein Löwe, sondern ein Kätzchen sein, vielleicht sollte nach Dafürhalten des Kindes der Ort der Handlung ein Spielplatz und nicht der Urwald sein, vielleicht sollte nicht der Vater, sondern die Mutter streng sein, und vielleicht sollte das Kind am Ende eine Belohnung statt einer Strafe bekommen.
Die Kinder können den Vorleser nun darum bitten, die Geschichte in oben erwähnter, veränderter Form nochmals zu erzählen, oder sie selber tun es.
Nicht immer sind sich die Kinder von vornherein der Wirkung der vorgeschlagenen Änderungen bewußt. Es ist ein Experimentieren mit sozialen Gegebenheiten, ein soziales Experimentieren im spielerischen, risikofreien Raum und ermöglicht in hervorragender Weise soziales Lernen.

Vergleiche mit anderen Geschichten

„Dieser Zwerg ist genauso böse wie der Zwerg bei Schneeweißchen und Rosenrot", „Das erinnert mich an die Geschichte, die du uns gestern erzählt hast. Da war auch ...", „Das ist ja wie in unserer Gruppe. Da sind auch ..."
Nicht nur das Finden von Parallelen zu

anderen Geschichten, auch das Erkennen von Unterschieden zeugt von sozialer Wahrnehmungsfähigkeit. Wir lernen dadurch, oberflächlichen Betrachtungen, Pauschalierungen, Klischees und Vorurteilen zu begegnen. Wir lernen dabei: So ähnlich Geschichten, Lebensläufe und Situationen einander auch sein mögen, abgesehen von einigen Mustern nimmt jede Geschichte ihren eigenen Verlauf und bedarf einer ganz spezifischen Lösung.

Puppenspiel

Nicht selten wird die Geschichte im spontanen und improvisierten Puppenspiel stark verändert. Dies geschieht erstens durch das eingeschränkte Repertoire an Figuren. Mangels eines Hundes übernimmt etwa das Krokodil dessen Rolle. Aus dem friedfertigen Hund kann nun ein bissiges Krokodil werden, oder aber es wird das Krokodil friedfertig wie ein Schoßhündchen.

Beide Veränderungen beinhalten eine wünschenswerte Erweiterung des sozialen Gesichtsfeldes und ziehen eine Veränderung der gesamten Geschichte nach sich.

Häufig „vergessen" die Kinder beim Puppenspiel die eigentlich vorgelesene Geschichte, die Figuren führen die Kinder in eine andere Welt, in eine Welt, die jedoch im Inneren des Kindes verankert ist. Dies kann dem erwachsenen Beobachter einen Blick in das Innere des Kindes ermöglichen. Die Geschichte bekommt als Ausgangspunkt somit einen Bezug zur Erlebniswelt des einzelnen Kindes.

Je weniger naturalistisch die verwendeten Figuren sind, umso mehr Platz ist für die eigene Erlebniswelt des Kindes. Steine, Hölzer, Abfallmaterial, usw. können anstelle von Puppen verwendet und zum Leben erweckt werden und verschaffen somit dem Kind weitere Ausdrucksmöglichkeiten.

Rollenspiel

Seit jeher waren Kinder zu beobachten, die Mutter – Vater – Kind spielten.

Auch Räuber und Gendarm ist ein beliebtes Spiel. Es wird Harmonie mit unharmonischen Unterbrechungen – das Kind ist böse – gespielt. Es wird „Gut" und „Böse" dargestellt.

Während die Kinder im freien Rollenspiel soziale Experimente durchführen oder unbewußt ihre sozialen Erlebnisse darstellen und aufarbeiten, will das gebundene Rollenspiel vorgegebene Situationen – erzählte oder erlebte Geschichten – bildhaft nachvollziehen und durchschaubarer machen. Dies bedeutet jedoch nicht, daß das Spiel nun die Geschichte nicht verändern darf. Die Geschichte ist nur bewußter Ausgangspunkt des Rollenspiels, und wir machen uns nach dem Spiel die Parallelen und Unterschiede zwischen Geschichte und Spiel bewußt.

Die „neue" Geschichte kann nun ebenfalls erzählt werden. In der Regel werden sich die Kinder ihre Rollen selber aussuchen dürfen. Einem Kind eine Rolle einzureden, in die es vermeintlich paßt, finden wir bedenklich. Wenn ein Kind sich selber spielen soll (vielleicht gar den „Bösewicht"),

haben wir Bedenken – außer das Kind bietet sich selber für diese Rolle an. Dies würden wir einem „psychodramageübten Therapeuten“ überlassen.
Wir Pädagogen sollten darauf vertrauen, daß beim „Bösewicht“ auch durchs Zuschauen soziales Lernen stattfindet. Wenn er will, kann der „Bösewicht“ auch den „Braven“ spielen – allerdings nur dann, wenn er sich freiwillig für diese Rolle anbietet.
Interessante Varianten des Rollenspiels sind das Schattenspiel, die Diatechnik (einzelne Szenen werden mit den Kindern als Statuen aufgebaut), das Mitspieltheater (Zuschauer mischen sich ein, ergänzen oder ersetzen die Spielerschar), das Masken- und das Puppenspiel.

Trolli, das Problemfresserchen

Susanna Lamprecht

Trolli saß im Märchenmoos und weinte grüne Koboldstränen. Sie weinte so heftig, daß sie Schnackerl bekam. Du mußt wissen, daß es für einen Kobold äußerst unangenehm ist, Schnackerl zu haben. Normalerweise sind Kobolde nämlich so leicht und zart, daß sie bei jedem „Hick!" einen halben Meter in die Höhe springen. Trolli war da eine Ausnahme. Sie war weit davon entfernt, klein und feingliedrig zu sein. Im Gegenteil: Sie war das dickste Koboldmädchen, das je im Märchenwald gesehen worden war! Und warum? Ganz einfach: Trolli machte es keinen Spaß, wie die anderen Kobolde mit den Irrlichtern Fangen zu spielen. Trolli fand es langweilig, sich am Wettspringen der Kobolde und Heuschrecken zu beteiligen. Und dem Schwimmwettbewerb gegen die Goldfischmannschaft konnte sie auch nichts abgewinnen. Kurz, sie haßte alles, was mit schneller Bewegung zu tun hatte. Sie lag viel lieber unter einer knorrigen Wurzel, hatte die Arme hinter dem Kopf verschränkt und träumte. Sie dachte sich dabei eine Menge Geschichten aus: lustige, traurige, spannende, gescheite. Dann brannte sie natürlich darauf, diese Geschichten jemandem zu erzählen.

„Hör zu, ich weiß eine lustige Geschichte!" rief sie zum Beispiel und zupfte ihren Koboldbruder am Ärmel. „Interessiert mich nicht, ich geh lieber mit der Libelle Blütenhonig stehlen!" knurrte der.

„Hör zu, ich möchte dir etwas Spannendes erzählen!" flüsterte Trolli ihrer Koboldfreundin zu. „Keine Zeit, ich gehe lieber Glühwürmchen jagen!" piepste diese und flitzte davon.

Trolli war sehr traurig, weil niemand ihre Geschichten hören wollte. Vielleicht hätten sie die anderen Kobolde sogar bewundert, wenn sie ihre Geschichten gekannt hätten! Aber so blickten sie nur verächtlich auf Trolli herab, die so unsportlich und plump war.

Ja, und deshalb saß Trolli im Moos und weinte. „Niemand mag mich!" schluchzte sie einem Laubfrosch zu, der sie mit verständnislosen Kulleraugen anglotzte und dann davonsprang. „Nicht einmal ein Frosch will mir zuhören!" dachte Trolli. „Hier bleibe ich nicht! Ich verlasse den Märchenwald!" Seufzend stand sie auf und machte sich auf den – hoppla! –

sie hatte mit ihren tränenblinden Augen den Stein nicht gesehen, der mitten auf dem Weg lag. Sie stolperte – und weil sie so kugelrund war, kollerte und kugelte und rollte sie immer schneller und schneller dahin, bis ihr schon ganz schwindlig war. Plumps! Sie war gegen ein Hindernis geprallt, und das hatte ihre „Höllenfahrt“ gestoppt. Zuerst sah sie nur Sternchen. Sie schloß die Augen und öffnete sie wieder. Vor ihr ragte eine graue Hausmauer auf. Sie war bis in die Stadt gekollert! Trolli stand auf und schlich sich zu einem offenen Fenster, aus dem Stimmen drangen.
„Bitte, erzähl mir noch eine Gute-Nacht-Geschichte!“ bettelte ein Kind. „Sei nicht so lästig, Bernd, wir haben keine Zeit mehr, wir kommen zu spät ins Kino!“ antwortete ein Mann. „Mach das Licht aus und schlaf!“ „Ich habe Angst, wenn ich allein bin und es finster ist! Darf ich das Licht anlassen?“ Trolli hörte die Angst in der Kinderstimme. „Dummes Zeug!“ brummte der Mann. (Das klang fast so wie der Koboldvater! Trolli mußte

schmunzeln.) „Dummes Zeug! Du bist ein großer Bub, und große Buben fürchten sich nicht im Dunkeln!" „Aber ...", schniefte Bernd. „Kein Aber! Gute Nacht!" Eine Tür wurde zugeschlagen, aus dem Fenster fiel kein Licht mehr.
Trolli stellte sich auf die Zehenspitzen und versuchte, mit ihren Koboldfingern das Fensterbrett zu erreichen. Es ist nicht leicht, durch ein Fenster einzusteigen, wenn man erstens dick ist und zweitens unsportlich! Aber irgendwie gelang es Trolli tatsächlich. Sie spähte mit ihren glühenden Gnomenaugen ins dunkle Zimmer. „Psssst!" machte Trolli. Sie sah, wie das Kind im Bett zusammenschreckte. „Wer ist da? Ist da wer? Wo ist wer?" stotterte Bernd. „Schreck dich nicht!" flüsterte Trolli. „Ich bin ein Kobold, ich tu dir nichts!" wisperte sie. Da flatterte ihr ein traumtaumeliger Nachtfalter um die Nase – sie mußte niesen – und bei dem lauten „Hatschi!" verlor sie das Gleichgewicht und purzelte vom Fensterbrett ins Zimmer. Weil Kobolde nicht sehr vornehm sind, entschlüpfte Trolli ein recht unfeines Wort, und sie schüttelte sich wie ein nasser Hund. Da hörte sie das Kind leise lachen. „Das hat komisch ausgeschaut! Kannst du das noch einmal machen?" kicherte es. Donnerwetter, da war Trolli beleidigt. „So!" sagte sie schnippisch und reckte ihr spitzes Näschen in die Höhe. „Hier werde ich also auch nicht ernstgenommen! Da hätte ich gleich im Wald bei den anderen Kobolden bleiben können!" „Sei nicht eingeschnappt, ich hab's nicht bös gemeint", beruhigte sie der Bub. „Ich bin froh, daß du bei mir bist, ich fürchte mich nämlich allein im Dunkeln! Kannst du nicht ein bißchen näher kommen?" Trolli watschelte mit kleinen Koboldschritten auf das Bett zu. Der Bub nahm sie in die Arme wie einen Teddybären. Trolli fühlte sich wohl. „Du wolltest doch zuerst eine Geschichte von deinem Vater, soll ich dir eine erzählen?" fragte sie vorsichtig. Sie war mit ihren Geschichten schon so oft zurückgewiesen worden, daß sie gar nicht mehr zu hoffen wagte, daß sie jemand anhören wollte. Aber Bernd rief: „Toll! Weißt du denn eine?" „Ppph, tausend!" meinte Trolli überlegen. Sie kuschelte sich gemütlich zurecht und begann zu erzählen.

„Es war einmal ein kleiner Bub, der hatte Angst davor, im Dunkeln allein zu sein …"

Als Trolli mit ihrer Geschichte fertig war, umarmte Bernd sie ganz fest und gab ihr einen Kuß auf die Nasenspitze. „Du bist ein lieber Kobold! Du hast mir mit deiner Geschichte die ganze Angst genommen! Ich glaube, du hast meine Angst einfach weggefressen. Du bist ja ein richtiges Angstfresserchen. Weißt du vielleicht auch eine Geschichte gegen Bauchweh – eine richtige Schmerzfresserchengeschichte, oder eine Geschichte gegen Streiten – etwa eine Streitfresserchengeschichte?"

„Natürlich weiß ich eine Geschichte gegen Bauchweh und eine gegen das Streiten – ich weiß tausende Geschichten. Ich weiß gegen jedes Problem eine Geschichte", erzählte Trolli voller Stolz.

„Da bist du ja ein richtiges Problemfresserchen. Weißt du was, meine Freunde könnten dich auch gut brauchen. Weißt du, jedes Kind hat irgendein Problem: Eines kann nicht einschlafen, ein anderes träumt oft schlecht. Peter, mein bester Freund ist oft traurig, und die Susi, die lachen die anderen Kinder immer aus."

Da versprach Trolli, das Problemfresserchen, auch den Peter und die Susi mit einer Problemfresserchengeschichte zu besuchen.

Michi, der Hamster

Antonia Breckner
Sieglinde Kammerer
Gerti Lindschinger

Michi, der kleine Hamster, wohnte mit seinen Eltern, den Großeltern und seiner großen Schwester in einer tiefen Ackerfurche irgendwo am Bach.

Jeder hatte sein eigenes Hamsterbett und zwei Hamstervorratskammern. Michi wollte sich an der Vorratssuche nicht beteiligen, obwohl es schon Spätherbst war. Statt dessen verbrachte er die Zeit damit, seine Schwester am Fell, an den Ohren oder am Schwanz zu ziehen und sie den ganzen Tag über zu ärgern. Das gleiche tat er auch mit seinen Großeltern. Deshalb kam es im Hamsterbau immer wieder zu Streitigkeiten. Manchmal ging Michi hinaus zu seinen Hamsterfreunden, die er auch schlug und kratzte und biß, denn er wollte immer der Stärkste sein, und er neckte und zwickte die Regenwürmer, die Käfer und sogar die Ameisen. Zuletzt ging er noch zum Bach und bewarf die Kröte, die ihm noch nie etwas zuleide getan hatte, mit großen Steinen. Die Kröte flüchtete in ihr nasses, schlüpfriges Krötenloch.

Endlich fiel Michi ein, daß er noch keine Wintervorräte gesammelt hatte. Es war aber schon sehr spät und kalt, die ersten Schneeflocken fielen vom Himmel.

Michi war lange nicht mehr zu Hause gewesen. Sein Vater war mit den Wintervorräten bereits heimgekehrt und füllte alle Vorratskammern an. Michi hatte seine Hamsterbacken prall mit Weizenkörnern gefüllt, da merkte er, daß es zu dämmern begann. Er rannte über das Feld, stolperte über einige Steine und Erdhaufen und fiel kopfüber in das Wasserloch der Kröte. Er zappelte und schrie laut um Hilfe, denn er hatte große Angst vorm Wasser. Durch das Schreien fielen die Körner ins Wasser. Die Kröte hörte das verzweifelte Schreien und kroch aus dem Krötenloch, um nachzusehen, woher die Schreie kamen. Da sah sie Michi, den Hamster, strampelnd im Wasserloch. Sie rief ihm zu: „Michi, halte noch ein wenig durch, ich hole schnell deine Eltern zu Hilfe!" Im Hamsterdorf waren schon alle in Sorge, denn niemand wußte, wo Michi geblieben war.

Da kam laut quakend die Kröte angesprungen: „Schnell, kommt mit,

Michi sitzt im Wasserloch!“ Alle aus dem Hamsterdorf rannten los, um Michi zu helfen. Sie reichten ihm einen Ast, damit er sich daran festklammern konnte. Gemeinsam zogen sie dann Michi an dem Ast aus dem Loch heraus.

Michi war der Kröte dankbar für die geglückte Rettung. Er dankte allen und versprach der Kröte, sie nach der Winterruhe zu besuchen und mit ihr Freundschaft zu schließen.

Er wanderte mit den Hamstern nach Hause, wo ihn der Vater erwartete und den Vorrat mit ihm teilte.

Von da an sah Michi ein, daß er auch lieb sein konnte und legte sich glücklich in sein warmes, kuscheliges Hamsterbett.

Robofant

Sr. Emerich Mathy,
Heidemarie Waldner

Im Urwald, weit, weit weg von hier, lebte eine Elefantenfamilie. Die Lieblingsbeschäftigung war das gemeinsame, tägliche Wasserspiel beim Elefantentümpel. Das war ein Spaß!
Man konnte sich gegenseitig bespritzen, mit Schlamm bewerfen und sich in der Elefantensprache unterhalten. Doch eines Tages machte dieses lustige Spiel den Elefanten keinen so rechten Spaß mehr, denn der kleine Robofant fing an, sich unmöglich zu benehmen.
Er drängte sich an den anderen vorbei und rannte rücksichtslos bis zur Mitte des Tümpels. Dort trompetete er aus Leibeskräften und bespritzte mit seinem langen Rüssel seine Spielkameraden. Einige Zeit ließen sie ihn so gewähren, doch Robofant wurde immer wilder und ausgelassener.
Stellt euch vor, er fing sogar an, mit seinen wuchtigen Elefantenfüßen herumzutrampeln. Keiner wagte sich mehr in seine Nähe, keiner hatte mehr Lust mit ihm zu spielen.
Eines Tages reichte es allen. Niemand wollte mehr in Robofants Nähe sein, alle versteckten sich vor ihm: hinter dem Affenbrotbaum, hinter dem Bananenstrauch, hinter den Kokosnußbäumen. Robofant stand allein in der Mitte des Tümpels, spritzte um sich, trompetete laut und stampfte wild. Doch es bereitete ihm heute keinen richtigen Spaß mehr. Da tauchte plötzlich aus der Tiefe des Tümpels das große, gefährliche Maul eines Krokodils auf. Robofant erstarrte vor Schreck. Das Krokodil jedoch machte keinerlei Anstalten, dem kleinen Elefanten etwas zu tun. Die beiden planschten eine Weile gemeinsam im Tümpel. Als sie müde wurden, trotteten sie miteinander in den Urwald. Da wagten sich die anderen Elefanten aus ihren Verstecken hervor, um wieder im Tümpel zu spielen. Als Robofant nach einiger Zeit aus dem Urwald zurückkam, machte er dabei allerlei Späße: Er riß sein Maul auf wie ein gefährliches Krokodil, patschte mit dem Schwanz ins Wasser und schnaubte wie ein Krokodil. Das war drollig. Alle mußten lachen, als sie bemerkten, daß Robofant gelernt hatte, sich und die anderen zu unterhalten, ohne jemandem wehzutun.

Lumpi

Maria Haidenthaler, Gabi Pointner, Monika Schmid

Lumpi ist ein kleiner, lieber Hund, der mit seiner Mama, seinem Papa und seiner großen Schwester in einem großen Garten lebt.
In diesem Garten steht eine Hundehütte. Lumpi und seine Schwester haben in dieser Hütte ein schönes Zimmer mit vielen Spielsachen. Da gibt es Autos, einen Zug, Bilderbücher und viele andere Spielsachen. Am liebsten aber spielt Lumpi ganz allein mit seinen Autos.
Wenn Lumpis Eltern auf Knochensuche gehen müssen, dürfen er und seine Schwester mit den anderen Hundekindern spielen. Einmal bauen die kleinen Hunde einen Zug. Lumpi nimmt ihnen alle Waggons weg. Die anderen Hundekinder bellen: „Gib uns den Zug wieder, wir wollen weiterspielen!"
Aber er knurrt: „Nein!" Da nimmt ihm Benny, ein größeres Hundekind, einfach den Zug weg. Lumpi schlägt wild um sich und macht alles, was die Hundekinder gebaut haben, kaputt. Er legt sich auf den Boden und winselt laut vor Zorn. Da kommt ein anderer Hund und will ihn trösten. Aber Lumpi läßt sich nicht trösten und winselt nur noch lauter.
Inzwischen haben die anderen Hundekinder das Zerstörte wieder aufgebaut und einen langen Zug zusammengestellt. Lumpi sieht, wie die Lokomotive unter einer Brücke durchfährt, auf einen Berg hinauf und dann rundherum. Das gefällt ihm. Er hört zu schreien auf und möchte mitspielen. Aber die Hundekinder wollen Lumpi nicht mehr dabeihaben, weil sie fürchten, daß er wieder alles kaputtmacht und lärmt. Da ist Lumpi traurig. Er tut den anderen Hunden leid. Sie sagen: „Wenn du uns nichts mehr kaputtmachst, darfst du mitspielen." Da freut er sich und fährt gleich mit der Lokomotive unter einer Brücke durch, auf einen Berg hinauf und dann rundherum.

Dodo, der tolpatschige Elefant

Renate Ablinger,
Gabriele Greimler

Es war einmal ein Elefantenjunge, der hieß Dodo. Er lebte mit seiner großen Elefantenfamilie tief im Urwald zwischen den gefährlichen Urwaldsümpfen und den Lianenbäumen. In dieser großen Elefantenfamilie gab es viele Elefantenkinder. Im Urwald hatten die Elefantenkinder einen Lieblingsspielplatz, an dem sich immer alle trafen. Alle außer Dodo.

Dodo hatte keinen richtigen Freund, denn eigentlich konnte er nichts wirklich gut. Wenn die Elefantenkinder Verstecken spielten, fanden sie Dodo immer gleich als erstes, weil er keine Verstecke wußte.

Wenn sie um die Wette Rüsselverbiegen spielten, stand er nur da und fragte: „Wie geht das?"

Wenn die Elefantenkinder, nur weil es eben so lustig ist, mit ihren Rüsseln Staub in die Luft bliesen, dann blies er so fest und wild um sich, daß er den ganzen Staub den Elefantenkindern in die Augen streute.

Jeden Abend und jeden Morgen mußte die Elefantenherde zur Wasserstelle stapfen. Das ging so: Zuerst kamen die Elefantenomas und die Opas, dann die Elefantenmamas und die Papas und zum Schluß die Elefantenkinder. Dabei gingen die Elefanten in einer Reihe, und jeder Elefant hielt sich mit seinem Rüssel am Schwänzchen des anderen fest. Alle Elefanten, ob groß oder klein, gingen in der Reihe, alle außer Dodo. Von Dodo mochte sich niemand am Schwänzchen festhalten lassen, denn er zog entweder so fest, daß das Elefantenkind vor ihm schrie, oder er hielt so locker, daß er fast einmal den Anschluß verloren hätte. Außerdem konnte Dodo nie am Weg gehen, wie die anderen Elefantenkinder. Er kam einmal rechts vom Weg ab, einmal links. Ein anderes Mal schaute er in die Luft, purzelte über eine Liane und fiel auf den Rüssel. Alle sagten dann zu ihm: „Ach Dodo, jetzt paß doch endlich einmal auf!"

Dodo war über seine Tolpatschigkeit und darüber, daß er keine Freunde hatte, traurig.

Einmal trafen sich alle Elefantenkinder wieder an ihrem Spielplatz und spielten Verstecken. Dodo wollte sich auch ganz gut verstecken, doch

die anderen fanden ihn gleich wieder. Als Dodo ein wenig traurig und verärgert weglaufen wollte, hörten sie plötzlich ein Elefantenkind ganz laut trompeten. Alle liefen dorthin, woher der Trompetenton kam.
Was war passiert? Ein Elefantenkind hatte sich zu nahe an ein Sumpfloch gewagt. Es war ausgerutscht und hineingefallen. Bis zum Rüssel steckte es schon im Schlamm, wobei es kläglich um Hilfe trompetete. Alle Elefantenkinder waren so erschrocken, daß sie laut trompetend davonliefen, alle außer Dodo. Er stemmte sich mit seinen Hinterbeinen gegen einen Baum und reichte seinen Rüssel dem verunglückten Elefantenkind. Mit aller Kraft zog er so fest an dem Rüssel, daß der kleine Elefantenjunge bald gerettet war.
Und stellt euch vor, Dodo rutschte nicht aus, er trat nicht zur Seite – er stand nur mit breiten Beinen da und zog.
Die Freude bei der Elefantenfamilie könnt ihr euch vorstellen! Am meisten aber freute sich Dodo, denn am Abend, als alle wieder zur Tränke stapften, fragte der kleine Elefantenjunge, den Dodo gerettet hatte: „Willst du dich heute an meinem Schwänzchen festhalten?“ Dodo bekam einen roten Rüssel und nickte verlegen mit dem Kopf.
Von nun an hatte Dodo einen guten Freund, den es gar nicht mehr störte, wenn er manchmal so ungeschickt und tolpatschig war.

Das wilde Flüßchen

Petra Fischer,
Margarete Schwaiger

Es war einmal ein Land, ein schönes Land. Aber es unterschied sich von anderen Ländern. Es gab dort nämlich überall Felder, Wiesen, Wälder und Häuser mit Gärten, worin große, rote, süße Erdbeeren wuchsen, die die Kinder so sehr liebten.

Ja, und in diesem Land floß, wie es sich gehört, auch ein Fluß, eigentlich eher ein Flüßchen. Dieses schlängelte sich einmal nach links, einmal nach rechts, unter einer Brücke durch und an Häusern und Bäumen entlang.

Die Menschen kamen und bewunderten den Fluß. „Was für ein schönes Flüßchen du bist!" lobten sie, und der Fluß war dankbar dafür. Er hatte jedoch eine recht seltsame Eigenschaft: Sobald er sich ärgerte – da brauchte nur ein Kind einen Stein hineinzuwerfen oder der Wind zu stark blasen –, wurde er gleich so wütend, daß er sich aufbäumte, kreuz und quer floß und wie ein Wilder um sich spritzte.

Die Menschen mochten diese Eigenschaft nicht. Sie konnten den Fluß nicht verstehen und beachteten ihn bald nicht mehr. Das ärgerte den Fluß noch mehr, er wurde traurig und noch wütender. Doch eines Tages trieb er es auf die Spitze!

Die Menschen baten: „Ach bitte, lieber Fluß, such dir einen anderen Weg!" Der Fluß aber wurde trotzig, wehrte sich, tobte, peitschte das Wasser durch die Luft, zerstörte eine Brücke und schoß geradewegs über die Gärten.

Da fingen die Kinder zu weinen an, Tränen flossen über ihre Wangen; sie wollten doch so gerne Erdbeeren essen.

Die Tränen sammelten sich und rollten in den Fluß. Die salzigen Tränen taten dem Fluß weh, sodaß er zum ersten Mal bemerkte, daß er die Menschen verletzt hatte.

Er versprach, sich zu bessern, und er bemühte sich wirklich, auch wenn er noch manchmal etwas stürmisch war.

So schlängelt sich das Flüßchen heute noch durch das Land. Sollte es einmal bei euch vorbeikommen, sagt ihm „Guten Tag", es freut sich sehr darüber.

Das kleine Lama und die Nichtspuckefrau

Ursula Penias,
Annemarie Stockhammer

Es war einmal ein Lama. Das lebte in einem Zoo mit vielen Geschwistern und Freunden. Es war das jüngste und deshalb schlief es am Morgen immer am längsten. Während die anderen schon spielten, träumte es noch friedlich auf seinem Strohlager. Die Mutter und der Vater ließen es gerne schlafen, damit es schnell größer und stärker werde. Außerdem bemerkten sie, daß ihr kleinstes Kind Schwierigkeiten mit den anderen hatte. So beschlossen sie, es einmal zu beobachten. Was sie da alles sahen: Ihr liebstes Kleinstes ging zu seinen Geschwistern und fragte, ob es mitspielen dürfe. Die aber konnten es nicht brauchen, weil sie schon im Spiel vertieft waren. Da war das kleine Lama traurig. Anschließend ging es zu seinen Freunden. Die aber hatten auch keinen Platz mehr. Da wurde das kleine Lama zornig, stampfte und schrie: „Niemand läßt mich mitspielen!“ Und in seinem Zorn spuckte es fürchterlich umher.

Da wußten die Eltern sofort, es mußte etwas geschehen. Die größere Schwester hatte das nämlich früher auch getan. Da konnte nur die Nichtspuckefrau helfen.

Gleich am nächsten Morgen machten sie sich auf den Weg zu ihr. Die Nichtspuckefrau war sehr freundlich und bat das kleine Lama herein. Die Eltern warteten draußen. Die Nichtspuckefrau sprach ganz ruhig mit dem kleinen Lama. Danach durfte es mit seinen Eltern wieder nach Hause gehen. Und siehe da, das kleine Lama spuckte nie mehr wieder. Alle fragten das kleine Lama: „Was hat die Nichtspuckefrau mit dir gemacht?“ Das Lama aber lächelte bloß, sodaß ihm die Spucke wegblieb.

Der Riesenzwerg

Helene Flunger,
Christiane Weißenböck

Es war einmal ein Land, in dem nur Zwerge lebten. Es lag nur sieben Hügel vom Riesenland entfernt. Das Leben im Zwergenland war wunderschön. Alle Zwerge lebten glücklich und zufrieden. Natürlich kam es auch vor, daß die Zwergenkinder stritten, rauften und zu allerlei Unsinn aufgelegt waren. Auch ein besonders kleines, zartes Zwerglein lebte in diesem Land. Es war viel kleiner und schwächer als die anderen Zwergenkinder seines Alters. Es wurde oft von den anderen ausgelacht, wenn es beim Umhertollen immer das letzte war.

Es war nicht nur klein und schwach, sondern auch sehr ängstlich. Hasenfuß wurde es deshalb von allen genannt. Jedoch bei seinen Eltern fühlte es sich immer sicher und gar nicht ängstlich. Eines Tages, als die Zwerge gerade auf der großen, grünen Blumenwiese spielten, begann auf einmal die Erde zu beben. Zuerst war dieses Beben noch weit entfernt, doch bald kam es immer näher und näher. Da sie diese Donnerschritte noch nie gehört hatten, versteckten sich alle Zwerge so schnell sie konnten im Gebüsch. Nur Hasenfuß konnte vor lauter Schreck keinen einzigen Schritt tun. Da stand plötzlich ein Riese vor ihm. Hasenfuß pochte das Herz bis zum Hals. Da beugte sich der Riese zu Hasenfuß, öffnete seinen gewaltigen Mund und fragte mit donnernder Stimme: „Kannst du mir sagen, wo ich hier bin, kleiner Zwerg?"

Hasenfuß zitterte am ganzen Körper vor Angst. Doch er nahm all seinen Mut zusammen und antwortete dem Riesen mit dünner Stimme: „Dies hier ist das Zwergenland und ich ... – ich heiße Hasenfuß und bin der Ängstlichste hier." Der Riese begann plötzlich so laut zu lachen, daß sich die Bäume bogen. „Du, du bist doch kein Hasenfuß! Sag mir, kannst du mir den Weg in mein Land zeigen?" „Aber natürlich", sagte Hasenfuß. Der Riese hob ihn hoch, nahm ihn in die Hand und Hasenfuß zeigte ihm den Weg. Nachdem er sich vom Riesen verabschiedet hatte, lief er nach Hause.

Ihr könnt euch gar nicht vorstellen, wie Hasenfuß empfangen wurde. Alle gratulierten ihm zu seinem großen Mut. Seither wurde Hasenfuß nie mehr Hasenfuß genannt. Ab jetzt hieß er Riesenzwerg.

Der kleine Spatz Wichtig

Klara Fürstaller, Ernestine Theil,
Reingard Windbauer

Es war einmal ein kleiner Spatz, der lebte mit vielen anderen Vögeln in einem großen Garten.
Er war den ganzen Tag unterwegs, flog von einem Futterplatz zum andern und wollte immer wissen, wo etwas los war. Sah er mehrere Vögel versammelt, flog er zu ihnen hin und drängte sich in die Mitte. Wenn er irgendwo einen neuen Futterplatz entdeckt hatte, mußte er es gleich den anderen erzählen, aber der erste beim Picken wollte er auch sein.
Oft freuten sich die anderen Vögel, daß er ihnen helfen wollte, aber manchmal hatten sie Lust, etwas anderes zu tun, und sie beachteten den kleinen Spatz nicht. Da überfiel ihn großer Zorn, und er flog mitten in die Vogelschar, sodaß diese erschrocken auseinanderschwärmte. Als sich die Vögel von diesem Schrecken erholt hatten, schickten sie ihn weg, sie wollten in Ruhe gelassen werden. Aber der kleine Spatz verstand das nicht, immer wieder drängte er sich in ihre Mitte.
Einmal war es nicht so.
Er saß alleine auf einem Ast. Da sah er, wie sich eine Katze an eine Vogelschar anschlich. Er überlegte nicht lange. Er flog auf die Katze zu und pickte sie in den Kopf. Da schlug diese wild um sich und fauchte. Durch den Lärm wurden die anderen Vögel aufmerksam und konnten sich vor der Katze retten. Sie freuten sich sehr darüber und bedankten sich bei ihm mit lautem Gezwitscher.
Gemeinsam flogen sie weg.

Hopsi ist kein Feigling!

Rosalinde Machatschek,
Elisabeth Wörister

Hinter dem Wald auf einer großen Wiese lebt eine Hasenfamilie. Sie ist recht glücklich, weil alle einander liebhaben. Den ganzen Tag spielen die Hasenkinder im Wald und auf der Wiese.

Manchmal können sie aber auch ganz böse miteinander streiten. Hopsi, das mittlere Hasenkind, will nämlich oft nicht mitmachen und schaut nur zu. Beim Wetthoppeln sagt er nur: „Ich mag jetzt nicht, mir tun die Füße weh!“ Seine Brüder lachen ihn dann aus und sagen: „Du bist ein Feigling!“

Wenn sie über den großen Graben springen wollen, sagt Hopsi: „Ich nicht, ich bleibe lieber herüben.“ Gern spielen sie auch „Wer holt die größte Karotte aus dem Feld?“. Hopsi kann das nie schaffen, denn er meint nur: „Ich mag nicht, ich hab' keinen Hunger!“

Am liebsten spielen sie „Achtung, der Fuchs kommt!“. Dann müssen sich alle Hasenkinder ein sicheres Versteck suchen; nur Hopsi bleibt sitzen.

Einmal aber, als sie wieder „Achtung, der Fuchs kommt!“ spielen, sausen alle los, um sich zu verstecken. Hopsi schaut seinen Brüdern zu. Da hört er plötzlich seinen kleinen Bruder rufen: „Helft mir! Ein Fuchs!“ Hopsi springt auf und saust los, um ihm zu helfen. Er schlägt blitzschnell ein paar Haken und lenkt so den Fuchs ab. Hopsi hoppelt so schnell, daß ihn der Fuchs nicht einholen kann. Als er in einem sicheren Versteck verschwindet, atmet Hopsi erleichtert auf: „Geschafft!“

Inzwischen kann sich auch sein kleiner Bruder verstecken und beide sind gerettet.

Später erzählt der kleine Bruder zu Hause voller Hochachtung, wie Hopsi ihn gerettet hat.

Besuch beim Wiesenkönig

Michaela Mühlböck,
Barbara Strauß

Martin war heute traurig nach Hause gekommen. Keines von den anderen Kindern wollte ihm glauben, daß er den höchsten Turm bauen konnte. Peter behauptete sogar, daß Puzzlebauen wichtiger sei als Turmbauen. Und Fritzi wollte nicht glauben, daß Martin stärker sei als er. Da schrie Martin: „Puzzlebauen ist fad, und du, Fritzi, bist ein Schwächling!“ Und er zerstörte Peters Puzzle und gab Fritzi einen kräftigen Fußtritt. Dann lief er, so wie er war, nach Hause, denn er hatte Angst, daß er eine Strafe bekommen würde. Traurig stand Martin nun zu Hause auf dem Balkon und sah unter sich die bunte Blumenwiese. Da kam ein schillernder Schmetterling daher und berührte Martin sanft mit seinen Flügeln. Er sagte leise: „Komm, flieg mit mir fort!“
Martin setzte sich auf ihn und die Reise ging los. Er war etwas ängstlich und doch sehr neugierig, wohin ihn die Reise führen würde. Plötzlich senkte sich der Schmetterling hinab auf eine große Wiese mit wunderschön duftenden, seltsamen Blumen und Kräutern, die er noch nie gesehen hatte. Der Schmetterling ließ Martin absteigen.
Da tauchte der Wiesenkönig auf und sprach: „Spiel doch mit uns!“ Martin sah und hörte Maulwürfe trommeln, Marienkäfer zappeln und krabbeln und Heuschrecken um die Wette hüpfen. Eines erstaunte ihn sehr: Viele dieser Tiere machten Unsinn und neckten ihre Freunde, keiner aber mußte angeben und tollkühne Sachen machen. Keiner hatte Angst vor Bestrafung, wenn er etwas falsch gemacht hatte. Jeder war glücklich und froh, so wie er war. Und jedes Tier konnte das eine besser und das andere weniger gut.
Martin sagte: „Es ist so herrlich bei euch zu leben. Keiner muß lügen, wenn er etwas angestellt hat, keiner muß angeben. Das gefällt mir sehr!“ Und sein Herz fühlte sich ganz warm an.
Der Wiesenkönig meinte darauf: „Ja, liebes Kind! Jedes Wesen auf Erden hat seinen Platz, und es ist gut so wie es ist!“
Plötzlich merkte Martin, daß er mit offenen Augen geträumt hatte. Er stand noch immer auf dem Balkon und unter ihm flatterten Schmetterlinge über die bunte Blumenwiese.

Hampel und die Löwenangst

Andrea Hutterer,
Anneliese Schmidleitner.

In einem kleinen Erdhügel neben der großen Wiese wohnte eine Hasenfamilie: der Hasenvater, die Hasenmutter, der Hasengroßvater, die Hasengroßmutter und die fünf Hasenkinder. In der Hasenhöhle war es gemütlich und warm. Die Hasenkinder fühlten sich wohl. Nur Hampel war ein kleiner Angsthase. Am liebsten hielt er sich in der Nähe seiner Mutter auf.

Wenn die Hasenkinder in der Höhle zu wild umhertollten – die Winterzeit dauerte schon etwas lange –, dann begann der Großvater Geschichten zu erzählen. Flugs kamen alle angerannt, scharten sich um ihn und waren mucksmäuschenstill. Der Großvater erzählte vom Frühling, von der warmen Sonne und von den saftigen Blättern und Gräsern auf der Wiese. „Ich freue mich schon wieder ganz besonders auf den Löwenzahn“, meinte der Hasenvater, und das Wasser lief ihm im Mund zusammen. Hampel, den kleinen Hasen, durchzuckte es. „Löwenzahn“, dachte er, „Löwenzahn auf der Wiese, das ist ja fürchterlich!“ Hampel hatte eine genaue Vorstellung von einem Löwen, er wußte, daß das ein gefährliches Tier war. In der Hasenhöhle hing ein Bild eines Löwen an der Wand, außerdem hatte Großvater an den langen Winterabenden auch gruselige Löwengeschichten erzählt. Das war nichts für ein ängstliches Hasenherz. Am nächsten Morgen nach dem Erwachen war etwas anders als sonst. Die ganze Hasenfamilie war aufgeregt, und alle, außer Hampel, wirbelten durcheinander. Hampel fand sich nicht zurecht, alle redeten gleichzeitig, und er verstand immer nur ein Wort: Löwenzahn! Rasch verkroch er sich zitternd in den hintersten Winkel der Erdhöhle. Plötzlich war es still geworden. Die Hasen waren auf die große Wiese vor dem Erdhügel gehoppelt, denn endlich war es wieder soweit! Die warme Sonne hatte den Schnee geschmolzen. Auf der Wiese wuchsen wieder saftige Löwenzahnblätter. Die Hasen knabberten nach Herzenslust und fraßen sich richtig satt. Keinem fiel auf, daß Hampel nicht mitgekommen war. Die Hasenmutter hatte mit ihren vier anderen Kindern alle Pfoten voll zu tun.

Am Abend kehrten alle in die Höhle zurück, jeder war zufrieden und satt. Nur Hampel nicht! Die vier Hasenkinder redeten durcheinander und besprachen die Erlebnisse auf der großen Wiese. Plötzlich knurrte etwas. Alle horchten auf. Was war das? Ein Löwe? Nein, es war Hampels hungriger Magen! Die Hasen sahen sich verdutzt an. Du liebe Zeit, Hampel war nicht mit auf der Wiese gewesen! Sie bestürmten ihn mit Fragen. Hampel sagte nichts. Er zeigte nur mit seiner Pfote auf das zähnefletschende Löwenbild. Da verstanden alle. Hampel mußte mit knurrendem Magen zu Bett gehen. Auch am nächsten Tag war er trotz guten Zuredens nicht dazu zu bewegen, mit auf die Wiese zu kommen. Alle machten sich Sorgen. Da hatte die Hasengroßmutter eine gute Idee: Wir bringen Hampel die Löwenzahnblätter mit in die Höhle, dann kann er sie kennenlernen und probieren. Gesagt, getan: Am Abend brachten alle eine Pfote voll Löwenzahn mit in den Bau. Hampel machte große Augen und begann vorsichtig an den Blättern zu knabbern. Wie das schmeckte! Am nächsten Tag war er mit Vater der erste auf der großen Löwenzahnwiese.

Der Ring der Fee

Nicole Rachlinger, Birgit Rieder, Victoria Pimminger, Erika Wagner

Peter ging in den Kindergarten. Dort gefiel es ihm recht gut, denn er konnte dort mit vielen Spielsachen spielen, malen, basteln und vieles mehr. Nur etwas mochte er nicht: Außer ihm waren auch noch viele andere Kinder dort, und das machte ihm Angst. Er meinte, die anderen Kinder wollten ihm die Spielsachen wegnehmen, ihm wehtun und ihn immer ärgern. Jedesmal, wenn jemand in die Nähe kam, bekam er Angst und schlug gleich zu. Das verärgerte die Kinder und auch die Kindergärtnerin. Peter wurde ermahnt und bekam Strafen, aber es nützte nichts. Er hatte Angst und meinte, sich immer wehren zu müssen. Eines Abends träumte Peter: In sein Zimmer kommt eine Fee und schenkt ihm einen goldenen Ring. Dazu rät sie ihm: „Wenn du im Kindergarten wieder einmal Angst hast, lieber Peter, drehe den Ring dreimal und warte, was passiert."

Als Peter am Morgen erwachte, traute er seinen Augen nicht: Der Ring war noch immer an seinem Finger! Gespannt machte er sich auf in den Kindergarten. Er spielte mit seinem Lieblingsspielzeug. Als wieder ein Kind versuchte, mit ihm zu spielen, spürte er wieder die Angst in sich hochsteigen. Schnell drehte er dreimal an seinem Ring. Zu seinem großen Erstaunen blickte er plötzlich in die Zukunft: Er sah sich und das andere Kind als Freunde eine wunderschöne Burg bauen. Das machte Spaß. Alleine wäre es nie so lustig gewesen. Als er den Ring zurückdrehte, stand wieder das Kind vor ihm. Anstatt zuzuschlagen, fragte Peter: „Möchtest du mit mir spielen?" „Ja, gerne," war die Antwort. Ehe sie sich versahen, waren sie Freunde – so wie es Peter vorausgesehen hatte. Immer wieder probierte Peter den Ring und bekam mehr und mehr Freunde. Er merkte, daß ihm keiner etwas Böses tun wollte, und bald schon brauchte er den Ring nicht mehr. Er beschloß, ihn der Fee zurückzugeben, denn möglicherweise brauchte sie ihn für ein anderes Kind.

Katz und Maus

Sylvia Denkmaier,
Maria Neulinger

In einem kleinen Bauernhof wohnt ein kleiner Kater mit seiner Mutter und seiner Großmutter. Der kleine Kater fühlt sich oft einsam. Seine Mutter ist schon lange krank. Sie kann sich nicht um ihn kümmern.

Die Großmutter hat auch wenig Zeit für den kleinen Kater. Sie muß ständig auf Mäusejagd gehen, damit sie etwas zu fressen haben. Manchmal darf der kleine Kater sie dabei begleiten, denn er ist flink und kann sehr gut klettern. Eines Tages erfährt er, daß sich die Katzen der Umgebung in einer nahen Scheune zum Spielen treffen. Neugierig macht sich der kleine Kater auf den Weg dorthin. Durch ein Loch blickt er vorsichtig in die Scheune. Die Katzen spielen gerade „Fang den Schwanz und beiß hinein“. Langsam nähert er sich den spielenden Katzen, aber die wollen ihn nicht mitspielen lassen. Traurig klettert er auf einen hohen Balken und schaut von oben zu. Plötzlich hören die Katzen zu spielen auf, weil eine kleine Maus durch die Scheune läuft. Alle stürzen sich auf die Maus, aber sie kann entkommen. Enttäuscht beraten die Katzen, wie sie die Maus doch noch fangen könnten. Da ruft der kleine Kater vom Balken herunter: „Ich kann es! Das Mäusefangen hat mir meine Großmutter beigebracht!“ Die Katzen lachen ihn aus. Er aber sieht, daß die Maus wieder aus ihrem Mauseloch kommt und springt vom Balken hinunter. Mit einem Satz hat er die Maus erwischt. Stolz zeigt er sie den Katzen, und diese klatschen begeistert. Von diesem Tag an darf er mit ihnen mitspielen. Er ist glücklich, daß er so viele Freunde gefunden hat.

Das Fest im Backofen

Bernhard Blech,
Florian Proka

Heute sollte es ein großes Fest geben. Die Gugelhupfform hatte eingeladen. Nacheinander erschienen alle Festgäste. „Nur hereinspaziert!“ rief die Gugelhupfform dem Mehl, den Eiern und dem Fett zu. Auch die anderen Zutaten kamen eine nach der anderen gut gelaunt herbei, um beim Backofenfest dabeizusein. Das Mehl hatte heute wieder seinen großen Angebertag: „Findet ihr nicht auch, daß ich das schönste weiße Kleid habe?“ „Selbstverständlich“, meinte das Eiklar, „ich habe ja heute ein anderes Kleid an.“ Eine kleine vorlaute Rosine meinte: „Da müßtest du aber erst den Zucker sehen!“ Das Mehl erwiderte geringschätzig: „Der hat sich heute wieder verspätet! Gottseidank, ich kann ihn ohnehin nicht schmecken. Und wie der sich kratzig anfühlt! Hoffentlich rückt er mir nicht zu nahe. – Da kommt er ja! Schnell, schließt die Backofentür! Wir lassen ihn nicht herein.“ Dem Kristallzucker wurde die Backofentür vor der Nase zugeschlagen, und nun begann das wunderbar heiße Backofenfest. Alle kamen gehörig ins Schwitzen. Nach einiger Zeit wurde die Ofentür geöffnet und heraus kam ein knuspriger, brauner Gugelhupf. Der Kochlöffel eilte dienstbereit herbei, um den Festgästen aus der Gugelhupfform zu helfen. Seine Aufgabe war es auch, das Ergebnis des Festes zu kosten. Doch schon nach einem kleinen Bissen hörte man ihn rufen: „Ach, du Schreck! Schmeckt das widerlich! Da ist ja kein Zucker dabei!“ Verlassen und unberührt stand nun der Gugelhupf auf dem Küchentisch. Der Kristallzucker konnte dem Gugelhupf jetzt nicht mehr helfen, und es hätte mit dem Gugelhupf ein schreckliches Ende genommen, hätte nicht der Kristallzucker seinen Cousin, den Staubzucker, gebeten herzukommen und den Gugelhupf mit einer dicken, weißen Schicht zu bestreuen.

„Langschnabel“ und andere Schimpfwörter

Barbara Brudl,
Friederike Pucher

Eines Tages kam aus dem Süden der Storch und ließ sich auf seiner langen Reise zur Rast im Auwald nieder. Als er gerade gemütlich nach ein paar Schnecken suchte, wurde seine Ruhe durch heftiges Vogelgezwitscher gestört. Verwundert hob er den Kopf, um nach dem Störenfried Ausschau zu halten. Da sah er oben einen Spatz auf einem Ast sitzen. Der Spatz schimpfte von seinem sicheren Platz herunter, nur konnte der Storch die Worte des Kleinen da oben nicht verstehen, da er der Spatzensprache nicht mächtig war. Hätte er nicht solchen Hunger gehabt, hätte er diesen ungemütlichen Rastplatz gleich wieder verlassen. Neben ihm hatte sich auch Herr Reiher niedergelassen, der ebenfalls aus dem Urlaub im Süden zurückgekommen war und der hier in der Au seinen Wohnsitz hatte. Und weil der Reiher den Spatz gut kannte, konnte er auch dessen Sprache verstehen. „Was schimpft der da oben?“ fragte der Storch seinen Kollegen. „Sei froh, daß du es nicht verstehst. Es sind entsetzliche Schimpfwörter. Er nennt dich: Schneckenfresser, Stelzenfuß, Langschnabel, Würmersucher und Schlammstocherer.“ „Warum denn das, ich habe ihm doch nichts getan?“ Der Reiher gab zur Antwort: „Weißt du, der schimpft einfach gern, du kannst gar nichts dafür.“ Doch als der Spatz den Storch nun auch einen „häßlichen Klappergeier“ nannte, meinte der Storch empört: „Jetzt reicht's! Jetzt schimpfe ich zurück.“ Aber so sehr er auch nachdachte, ihm wollte kein passendes Schimpfwort einfallen. Er versuchte es mit: „Du Zwitschervogel! Du Körnersucher!“ und „Du Baumflatterer!“ Da hörte der Spatz zu schimpfen auf und brach in schallendes Gelächter aus. „Warum lacht denn der da oben so?“ fragte der Storch den Reiher. Und dieser antwortete: „Weil er dich so lustig findet. Du sollst noch mehr so witzige Wörter erfinden!“ Da flatterte der Spatz von seinem Ast herab, setzte sich auf den Boden zwischen den Storch und den Reiher und gemeinsam erfanden sie noch viele lustige Schimpfwörter, die eigentlich keine Schimpfwörter waren.

Filius, der kleine Fisch

Magdalena Kehrer,
Sieglinde Kitzmüller

Im großen Meer trifft sich der kleine Fisch Filius mit seinen Freunden Fabian und Ferdinand.

Er ist sehr aufgeregt und blubbert ihnen von weitem entgegen. „Ich hab' die beste Idee. Wir spielen ‚Wer fürchtet sich vorm großen Fisch' – und ich fang an."

„Nein, das haben wir doch erst gestern gespielt", entgegnet Fabian. „Außerdem möchte ich heute anfangen, das haben wir uns doch so ausgemacht!" ruft Ferdinand.

Filius schwimmt ärgerlich zum großen Stein und brüllt: „Wer fürchtet sich vorm großen Fisch?" Er ruft es noch einmal und noch lauter, daß es alle hören können. „Wer fürchtet sich vorm großen Fisch?"

Filius merkt gar nicht, wie leer es um ihn geworden ist. Seine Freunde sind verschwunden. Wo sind sie hin? Er sucht hinter jedem Stein. Da hört er Seepferdchen lachen. Filius schaut vorsichtig und neugierig hinter dem Stein hervor. Die Seepferdchen schwimmen durcheinander und sind sehr bedacht, nicht am Schwanze gefangen zu werden. Für Filius ist es lustig zuzuschauen. Das Seepferdchen, das zuletzt gefangen wurde, ruft: „Ich weiß ein neues Spiel! Wir spielen Verstecken." Im Nu sind alle verschwunden.

Ein Seepferdchen huscht von Stein zu Stein, von Koralle zu Koralle, bis es alle wiedergefunden hat. Das Seepferdchen, das beim Versteckenspiel Sieger war, darf ein neues Spiel vorschlagen. Es ruft: „Ich sehe was, was du nicht siehst!" Flugs schwimmen alle in einer Reihe und suchen den Meeresboden nach dem gesuchten Ding ab.

Filius hat riesengroße Augen bekommen. „Das ist ja prima! So viele lustige Spiele! Vielleicht ist das Spiel ‚Wer fürchtet sich vorm großen Fisch' für meine Freunde schon zu langweilig? Wohin sind sie nur geschwommen?" denkt er. Da sieht er weit über sich Fabian und Ferdinand nach Mücken springen.

„Darf ich bei euch mitmachen?" fragt Filius freundlich. „Ihr spielt so lustig." „Sicher, sicher", blubbern die beiden, und sie spielen, bis die Sonne untergeht, denn immer wieder hat ein anderer eine neue Idee.

Das Kätzchen und der Löwe

Andrea Diosi, Christine Fasching-Geyrhofer, Sigrid Malik, Claudia Mittendorfer

An einem schönen Sommertag streift ein kleines Katzenkind neugierig über die Wiese. Es schnuppert an den Blumen, versucht Schmetterlinge zu fangen und Gräser zu zupfen. Es fühlt sich richtig wohl. Plötzlich raschelt es im Gebüsch. Ein fürchterliches Brüllen hallt über die Wiese, und ein riesengroßer Löwe stapft dicht an dem kleinen Katzenkind vorbei. Fürchterlich erschrocken duckt sich das Kätzchen in die Wiese. Sein Herz klopft ganz schnell, im Hals spürt es ein beklemmendes Gefühl. Als es um Hilfe rufen will, merkt es, daß es nicht mehr miauen kann. Immer wieder versucht es nun zu rufen, aber es kommen nur eigenartige Laute aus seinem Mäulchen. Es versucht zu fliehen, aber auch seine Beine versagen ihm den Dienst.

Doch: Was ist da zu hören? Was sieht das Kätzchen da? Dem Löwen kollern dicke Tränen über die Wangen. Der Löwe weint! Jammernd hebt der Löwe immer wieder vorsichtig seine große Tatze. „Ist der furchterregende Löwe verletzt?“ überlegt es. „Hat der Löwe große Schmerzen?“ Nach langem Zögern schleicht die kleine Katze vorsichtig näher. Das beklemmende Gefühl in ihrem Hals weicht, und so fragt sie den Löwen, was los sei. Da zeigt ihr der Löwe den Dorn in seiner Tatze. „Das tut ja weh“, flüstert die Katze, und vorsichtig versucht sie, den Dorn aus der Tatze des Löwen zu ziehen. Und es gelingt ihr schließlich. Da öffnet der Löwe sein großes Maul über der kleinen Katze, seine Zähne blitzen. Die kleine Katze überkommt dabei wieder dieses komische Gefühl und sie erstarrt. Doch da spürt sie, wie die große feuchte Zunge dankbar und vorsichtig über das Köpfchen der kleinen Katze streicht. Angenehm warm durchströmt es da das Kätzchen. Das Gefühl im Hals ist weg. Und behaglich schnurrend kuschelt sich das Kätzchen an seinen neuen, großen, starken Freund, den Löwen.

Der kleine Igel im Hühnernest

Heidi Jungwirth,
Regina Saleschak

Eine Igelfamilie, Vater, Mutter und drei Kinder, wohnt in einem Laubhaufen in der Nähe eines Gartenzaunes. Im Frühling bekommt die Mutter noch ein kleines Igelkind. Alle freuen sich sehr.

Voll Neugierde folgt das kleine Igelkind seinen Geschwistern überallhin. Bald schon entdeckt es seine Welt: den Komposthaufen, die Hecken, den Gemüsegarten und die Scheune. Abends vor dem Einschlafen weiß der kleine Igel viel zu erzählen. Seine Eltern staunen, wie klug ihr Jüngstes schon ist.

Eines Tages entdeckt der kleine Igel ein Loch in der Hecke und schlüpft, neugierig ist er ja, durch. Und was sieht er da? Viele kleine Igelkinder, die fröhlich im Sonnenschein spielen. Er beobachtet sie lange. Plötzlich muß der kleine Igel niesen. Jetzt erst bemerken ihn die anderen und laufen zu ihm hin. „Willst du mit uns Eier suchen?“ fragt ihn einer der Igel. Der kleine Igel aber stellt seine Stacheln auf und rollt sich ein. „Schade“, sagt ein anderer Igel und geht weg. Die anderen Igel folgen ihm. Als der kleine Igel die anderen Igelkinder nicht mehr hört, rollt er sich vorsichtig aus. Er guckt um sich. Nun ist er wieder allein. „Eigentlich weiß ich ja ganz gut, wo die Henne ihre Eier hinlegt“, denkt er. Schnell läuft er zur Scheune und setzt sich ins Eiernest. Nach langem Suchen entdecken auch die anderen Igel die Eier. Doch da sitzt schon der kleine Igel mit aufgestellten Stacheln und verteidigt sie. Niemandem außer ihm sollen die Eier gehören. Schimpfend trollen sich die Igel. Der kleine Igel fühlt sich aber jetzt nicht gut. Er ist traurig, und eigentlich kann er sich an den Eiern gar nicht mehr freuen.

Wie er da so im Hühnernest sitzt, hört er ein Rascheln im Stroh. Neugierig guckt er um sich. Eine Katze schleicht sich an. Auch die anderen Igelkinder haben die Katze entdeckt. Vor Angst flüchten sie sich in eine Ecke der Scheune.

Als der kleine Igel merkt, wie sich die anderen Igel fürchten, rollt er sich aus dem Nest. Er purzelt herunter und landet vor den verängstigten Igeln. Die Katze kommt immer näher. Plötzlich stellt der kleine Igel vor der Katze die Stacheln auf. Die Katze tappt mit ihren Pfoten pfauchend nach dem Igel, zuckt aber schnell zurück. Die spitzen Stacheln schmerzen fürchterlich. Ohne den kleinen Igel aus den Augen zu lassen, zieht sich die Katze zurück. „Danke, danke“, flüstern ihm die anderen Igel zu. Gemeinsam trippeln sie aus der Scheune und spielen miteinander vergnügt im Schein der Abendsonne.

Wie das schwache Linchen mutig wurde

Margarethe Brindl-Bauer,
Gunda Brunner,
Helga Karlinger

Es war einmal eine Entenmutter mit ihren beiden Entenkindern Linchen und Trinchen.
Linchen war klein und schmächtig. Es wagte sich nicht wie andere Entenkinder ins Wasser, hatte Angst vor Katzen und wurde deshalb von seiner Mutter besonders umhegt und behütet.
Während Trinchen eines Tages wieder die ganze Zeit im Wasser spielte, wollte Linchen nun auch dabei sein. Trinchen rief: „Feigling, Feigling! Du traust dich nicht herein!“ Und als sie Wasserwettwatscheln spielten und Linchen dabei verlor, riefen alle anderen Entenkinder: „Schwächling, Schwächling! Du kannst es nicht!“ Traurig watschelte Linchen ans Ufer. Doch, wen sah sie da heranschleichen? – Es war die Katze. „Hilfe! Eine Katze!“ schnatterte Linchen und flatterte auf die andere Seite des Teiches.
Als dies die anderen Entenkinder bemerkten, bekamen sie ebenfalls einen großen Schrecken und flatterten davon. Erstaunt stellte Linchen fest, daß auch die anderen Entenkinder nicht so mutig waren, wie sie immer geglaubt hatte.

Selina Kellerloch

Eva Kalcher, Gertraud Roßmann, Dagmar Schwarz, Anneliese Schrittwieser

In einem alten Haus am Waldesrand wohnten einige Mäusefamilien mit ihren vielen Kindern. Jeden Tag trafen sich die Kinder im Keller, um zu spielen und ihre Späße zu machen. Bei diesen Späßen der Mäusekinder war Onkel Felix Wiesengrund immer dabei. Aber so lustige Ideen Felix Wiesengrund auch hatte, eine kleine Maus, nämlich Selina Kellerloch, piepste immer nur leise und ängstlich am Rande mit. Kaum spielten sie Mäuseschwanzfangen oder Käselochverstecken, verschwand sie verschreckt hinter dem großen Faß und guckte nur vorsichtig zu. Ganz arg empfand sie das Spiel „Schwänzchenziehen", wobei die anderen rangelten und recht laut lachten und quietschten.
Es gefiel ihr schon, wenn Onkel Felix Wiesengrund sie ermunterte mitzutun; sie konnte mit ihm allein sogar sehr laut quietschen, aber unter all den anderen Mäusekindern traute sie sich wieder nicht.
Eines Tages, als sie sich gerade verkroch, trippelte Onkel Felix Wiesengrund zu Selina Kellerloch unter den Tisch. Er flüsterte ihr etwas zu. Nach einer Weile liefen sie gemeinsam zu den großen Hafersäcken. Er zeigte ihr das Hafersackrutschen. Und das geht so: raufklettern, runterrutschen, raufklettern, runterrutschen,…
Anfangs war Selina noch etwas zaghaft, aber je öfter sie es probierte, umso mutiger wurde sie und konnte dabei sogar lachen und quietschen. Das hörten die anderen Mäusekinder und sie kamen neugierig im Mäusegalopp gelaufen. Sie staunten nicht schlecht, kletterten sogleich ebenfalls hinauf und machten mit.
So ausgelassen hatten sie Selina noch nie gesehen. Auch für Selina Kellerloch war es ein ganz neues, aufregendes Gefühl bei einem Spiel die erste zu sein, und das gefiel ihr.

Die Birke, die nicht berührt werden wollte

Birgit Bauer, Franz Preiner

Förster Silbergrau stand mit seinem Gehilfen in der Waldlichtung. „In diese Lichtung setzen wir die Birkenbäumchen, dann kann der Wind hier keinen Schaden mehr anrichten." Und schon begann der fleißige Gehilfe ein Loch neben dem anderen zu graben, um hier die jungen Birkenbäumchen einzusetzen. Plötzlich hatte er das Gefühl, als ob das Bäumchen, das er gerade in seinen Händen hielt, besonders viel Leben besäße. Es schien ihm ein besonderes Bäumchen zu sein, und er setzte es in einigem Abstand zu den anderen Bäumchen in den Waldboden. Als alle Bäumchen eingesetzt waren, begoß er noch jedes mit einem Schuß Wasser und murmelte: „Macht es gut und wachst schön fleißig!" Damit verließ er den Wald. Die kleinen Birken nahmen sich die letzten Worte des Forstgehilfen zu Herzen und wuchsen und wuchsen und wuchsen. Jedes Birkenbäumchen streckte seine Zweige und Blätter freudig der Sonne entgegen, denn sie liebten das Licht. Jedes Birkenbäumchen streckte seine Zweige und Blätter auch freudig den Regentropfen entgegen, denn sie brauchten das Wasser. Und als sie etwas größer waren, nahm auch das eine oder andere Birkenbäumchen gerne ein Vogelnest mit der ganzen Vogelfamilie bei sich auf. Keine Birke hatte etwas dagegen, wenn Ameisen über seine Wurzeln krabbelten, und sie freuten sich auch darüber, wenn der Specht in ihre Rinde einen lustigen Takt klopfte.

Fast alle Birkenbäume freuten sich über all dies. Nur eine Birke nicht. Diese Birke war jene, die der Forstgehilfe etwas abseits eingesetzt hatte. Sie mochte die Sonne nicht. „Deine Strahlen stechen mich, verschwinde hinter der Wolke! Berühr mich nicht!" Sie mochte den Regen nicht. „Deine Tropfen belästigen mich! Regne woanders! Berühr mich nicht!" Sie mochte die Vögel nicht. „Euer Gezwitscher weckt mich, verschwindet in den Fichtenbäumen! Berührt mich nicht!" Sie mochte die Ameisen nicht. „Eure Beinchen kitzeln mich, verschwindet in eurem Ameisenhaufen! Berührt mich nicht!" Sie mochte den Specht nicht. „Dein Schnabel piekt mich, verschwinde in deiner Höhle! Berühr mich nicht!" Und sogar, wenn der Wind die Äste und Zweige der anderen

Birken hin und her wiegte und diese sanft aneinanderstießen, schimpfte sie. „Berührt mich nicht!"

Eines Tages kam Förster Silbergrau mit seinem Forstgehilfen, um zu sehen, wie gut das Birkenwäldchen gediehen war. Zufrieden brummte er beim Anblick der gutgelaunten Birken in seinen Bart. „Aber was ist denn das? Mit dieser Birke stimmt etwas nicht. Sie steht ganz abseits, läßt alle Blätter hängen und ihre Rinde sieht krank aus. Weißt du was, wir kommen gerade rechtzeitig. Diese Birke braucht mehr Sonne und mehr Regen. Und wenn wir Glück haben, helfen uns die Ameisen, der Specht und die anderen Vögel, das Ungeziefer aus der kranken Rinde des armen Baumes zu holen. Und die anderen Birken können diesen kranken Baum vor dem wilden Sturm in Schutz nehmen. Du wirst sehen, auch dieses Bäumchen wird an seinem neuen Platz eine große, gesunde Birke werden."

Und das war genau das, was das einsame Birkenbäumchen eigentlich schon immer gewollt hatte.

Stupsi und die Haselmaus

Renate Iglsböck, Edith Kobler, Gaby Linsmaier

In einem großen Wald am Stadtrand lebte eine Schar fleißiger Eichhörnchen. Jeden Winter hatten die Eichhörnchen genug zu fressen, denn sie hatten im Herbst viele Vorräte gesammelt.
Doch einmal war es anders. Ein kleines Eichhörnchen wuchs heran, sein Name war Stupsi.
Stupsi war ein richtiger Sammler. Er sammelte jedoch nicht nur, was er selbst gefunden hatte, er beobachtete auch die anderen beim Vergraben ihrer Vorräte. In einem unbeobachteten Augenblick stibitzte er ihre Nüsse, Eicheln und Zapfen und schleppte sie in seine Baumhöhle, damit sie niemand finden konnte. So füllte sich sein Baum bis zum Rand und als nun der Winter kam, hatte er selbst keinen Platz mehr zum Schlafen. So irrte er umher auf der Suche nach einer leeren Baumhöhle. Aber er hatte kein Glück. In seiner Verzweiflung traf er eine kleine Haselmaus. Er klagte ihr sein Leid. Da bot ihm die Haselmaus an, ihr Haus und die Vorräte mit ihm zu teilen. Stupsi durchströmte ein merkwürdiges Gefühl. Er nahm das Angebot an, kuschelte sich sofort in eine Ecke der Höhle und schlief ein.

Stupsi wohnte schon eine Weile bei der Haselmaus, als etwas Besonderes geschah: Immer mehr Eichhörnchen kamen zur Haselmaus und baten um Früchte, denn ihre im Herbst eingegrabenen Vorräte waren auf sonderbare Weise verschwunden. Die Haselmaus war sofort bereit, auch mit diesen Tieren zu teilen.
Stupsi wurde aber immer stiller. Er merkte, daß die Vorräte der Haselmaus zu Ende gingen, der Winter jedoch noch lange nicht vorbei war.
Eines Tages war es soweit. Es gab nichts mehr zu teilen. Alle Eichhörnchen saßen traurig vor der Höhle herum. Am traurigsten war die Haselmaus. Plötzlich gab sich Stupsi einen Stoß. Er führte alle Tiere zu seiner Baumhöhle, verteilte seine Vorräte, und alle konnten den Winter gut überstehen.

Die ängstliche Biene

Friederike Klinger, Margit Ortner,
Helga Paminger,
Gerlinde Poimer

Es war einmal eine Biene, die lebte mit vielen anderen Bienen in einem hohlen Baum.
Die kleine Biene war sehr ängstlich und flog ganz selten mit den anderen in den Wald hinaus, um Blütenstaub zu holen. Sie fürchtete sich vor allem: vor den Tieren des Waldes, vor den unbekannten Geräuschen und sogar vor den Regentropfen.
Eines Tages verließen alle Bienen den Baum, nur sie allein blieb in der Höhle zurück.
Da hörte sie plötzlich ein Kratzen am Baum. Ängstlich schaute sie hinaus, konnte aber nichts entdecken. Erneut vernahm sie das Geräusch. Nun wagte sie einen Flug um den Baum. Dabei entdeckte sie einen Bären, der versuchte am Baum heraufzuklettern, um an den Honig zu gelangen.
Erschrocken flüchtete sie in den Baum zurück und überlegte. „Wäre ich doch nicht allein zurückgeblieben", seufzte sie. Da nahm sie all ihren Mut zusammen, flog aus dem Baum und begann, die anderen Bienen zu suchen. Zum Glück entdeckte sie bald den Bienenschwarm auf einem nahegelegenen Busch. Sie rief: „Der Bär will unseren Honig stehlen, wir müssen ihn verjagen! Schnell, helft mir!" Alle Bienen flogen so schnell sie konnten hinter dem Bienchen her. Beim Honigbaum angekommen, schwirrten sie so lange um die Nase des Bären herum, bis diesem ganz schwindlig wurde und er vom Baum herunterrutschte. So war es den Bienen mit Hilfe der kleinen ängstlichen Biene gelungen, den Honig zu retten.

Der kleine grüne Apfel

Brigitte Bär, Fabina Pucher

Auf einem Apfelbaum wuchsen viele kleine, grüne Äpfel. Sie hatten viel Spaß auf ihren Zweigen. Vor allem, wenn die Bienen zu Besuch kamen, freuten sie sich über das Summen, und wenn die Maikäfer herumschwirrten, kitzelte das lustig. Besonders gern hatten sie es, wenn die Sonne ihre warmen Strahlen auf sie herunterschickte. Und so bekamen sie alle bald rote Backen.
Nur ein Apfelkind konnte sich nicht so recht am Leben freuen. Es wuchs am untersten Zweig des Baumes und war von lauter Blättern verdeckt. Hier gab es keine Sonnenstrahlen, und auch die Bienen waren lieber hoch oben in der Krone des Baumes. So blieb das Apfelkind klein und grün. Es war einsam, nicht einmal ein Wurm leistete ihm Gesellschaft. Eines Tages jedoch gab es ein Rauschen in den Blättern des Apfelbaumes. Der Herbstwind rüttelte übermütig an allen Zweigen, sodaß viele der rotbackigen Apfelkinder das Gleichgewicht verloren und zu Boden plumpsten. Dort kullerten sie lustig durcheinander. Neidisch schaute das grüne Apfelkind dabei zu. Es war fest auf seinem Zweig hängengeblieben. Doch nach einiger Zeit wurden die rotbackigen Äpfel des Kullerns müde und blieben still am Boden liegen. Da lagen sie nun. Ach, war das langweilig! Kein Wind schaukelte sie mehr und keine Biene besuchte sie. Statt dessen wurden sie von den Gummistiefeln des Bauern getreten, die Ameisen zwickten die Äpfel in den Bauch, und die feuchte Erde war kein gemütliches Bett. Als der kleine grüne Apfel die anderen nun so erbärmlich am Boden liegen sah, fühlte er sich nicht mehr so traurig, sondern schaukelte vergnügt auf seinem Zweig und wartete geduldig, bis er eines Tages ein großer, roter, reifer Apfel werden würde.

Der einsame Puck

Anna Dornstädter,
Edith Geschwendtner,
Silvia Irrmann,
Monika Kruisz, Karin Pils

Es war einmal ein Zwerg namens Puck. Er wohnte in einem großen, dunklen Wald. Dort gab es viele Pilze, Mooshügel, Baumstümpfe und Tiere. Alle Tiere im Wald lebten in guter Nachbarschaft miteinander. Sie unterhielten sich, halfen einander, hatten viel Spaß und waren gute Freunde.

Nur der kleine Puck war einsam, er hatte keine Freunde und Spielgefährten, weil er für die Tiere unsichtbar war.

Eines Morgens erwachte der kleine Puck und dachte über das Alleinsein nach. Bei dem Gedanken daran packte ihn der Ärger. Er stand auf, zog seine Kleider an und marschierte geradewegs zu dem Platz, an dem sich die Tiere immer zu Tratsch und Spiel trafen. Und richtig, alle waren auf der Lichtung versammelt: das kecke Eichhörnchen, der schlaue Fuchs, das scheue Reh, der flinke Hase und die bunte Vogelschar.

Lustiges Treiben herrschte. Da überfiel den Puck noch größerer Ärger. Er nahm den nächsten Tannenzapfen und schleuderte ihn in das Getümmel. Schon hatte er den nächsten Zapfen in der Hand und warf – und warf immer wieder. Die Tiere schrien vor Schmerz auf, ärgerten sich und meinten: „Das war bestimmt wieder Pick, der gemeine, unsichtbare Zwerg, der öfter solch böse Späße mit uns treibt.“ Da wurde der kleine Puck hellhörig: „Gibt es in diesem Wald etwa noch einen Zwerg wie mich? Pick soll er heißen? – Ich mache mich auf den Weg und suche ihn!“ Puck mußte viele Moosberge erklimmen, über Steine und Baumstümpfe klettern, bis er endlich den Zwerg Pick fand.

Pick sah fast so aus wie Puck. Und Pick hatte auch dasselbe Problem wie Puck. Auch er fühlte sich einsam. Und so beschlossen sie, Freunde zu werden.

Lokis Schatzkammer

Babette Blau, Franzi Prohaska

Loki, das Eichhörnchen, hatte die Eiche seiner Eltern verlassen. Er wollte sich nun selber einen Baum suchen und allein zurechtkommen. Loki huschte von Baum zu Baum und schaute den anderen Tieren zu, wie sie das Leben meisterten. Besonders lange beobachtete er Backi, den Hamster, der im Feld am Rande des Waldes eifrig Getreidekörner sammelte und sie in seiner großen Tasche nach Hause trug, um sie in seiner Erdhöhle zu verstecken. Das gefiel ihm. So reich wie der Hamster wollte Loki auch sein. Sofort machte er sich an die Arbeit. Er suchte sich eine Höhle im Baum, um dort einen großen Schatz von Eicheln und Nüssen anzulegen. Alle Nüsse und Eicheln, die er nur finden konnte, trug er zu seiner Höhle. Manchmal nahm er auch Eicheln, die anderen Eichhörnchen gehörten. Darüber wurden diese sehr zornig und riefen: „Loki ist ein Dieb!"

So wurde Lokis Schatzkammer immer voller und voller, bis kein einziges Stück mehr darin Platz hatte.

Da kam der Winter. Es schneite und stürmte, und es wurde bitterkalt. Loki wollte sich in seiner Schatzkammer verkriechen, um nicht zu erfrieren, doch darin war kein Platz. So blieb Loki nichts anderes übrig, als so viele Nüsse aus seiner Schatzhöhle zu werfen, bis er selber Platz finden konnte.

Die anderen Eichhörnchen sammelten die hinuntergeworfenen Eicheln und Nüsse auf. Sie dachten, daß Loki ihnen die Schätze zurückgegeben hätte und beschlossen, Loki im Frühjahr auch einmal zu einem Festessen einzuladen.

Eine Höhle für die Elefanten

Margit Hermann, Petra Radlinger, Anna Seiringer

Der kleine Elefant David lebte im Urwald in einer großen Herde mit vielen kleinen Elefantenfreunden.
Die Freunde spielten viele lustige Spiele miteinander. Sie bauten Türme mit Baumstämmen oder spielten Verstecken hinter großen Felsblöcken. Alle hatten großen Spaß.
Doch der kleine Elefant David zerstörte die Türme und verriet die Verstecke. Die anderen Elefanten ärgerten sich. Sie wollten nicht mehr mit ihm spielen. Da wurde der kleine Elefant sehr zornig, und er verkroch sich in einer großen Höhle. Dort war er aber sehr einsam.
Eines Tages spielten seine Freunde in der Nähe der Höhle. Plötzlich kam ein fürchterliches Unwetter auf. Alle liefen wirr herum und hatten große Angst.
Als der kleine Elefant wegen des Lärms aus der Höhle schaute, erblickte er seine Spielkameraden und holte sie in seine Höhle. Dort waren sie sicher. Sie kuschelten sich aneinander und fühlten sich geborgen.
Der kleine Elefant freute sich, nicht mehr allein zu sein.
Als das Unwetter vorbei war, verließen sie gemeinsam die Höhle. Sie spielten nun alle miteinander beim großen Wasserloch. Und – David ärgerte seine Freunde nicht mehr.

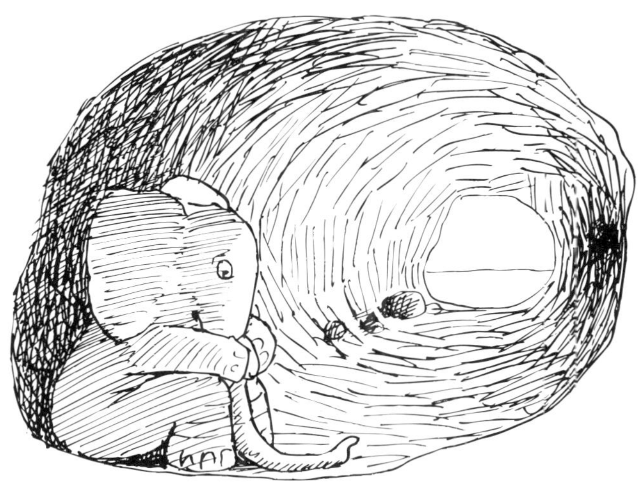

Die kleine Ente Simon lernt schwimmen

Margit Affenzeller, Eleonore Gründlinger, Thery Hofmann

Eine Entenfamilie, Mutterente, Vaterente, die kleine Ente Simon, der Entenbruder Matthias und die große Entenschwester Nikola, watschelte zum Teich.

Beim Teich angekommen, sprangen – schwupps – der Entenvater, schwupps – die Entenmutter, schwupps – der Entenbruder Matthias und schwupps – die Entenschwester Nikola ins Wasser. Simon, das kleine Entlein, traute sich nicht hinein. Mutti, Vati, Matthias und Nikola redeten ihm zu, ins Wasser zu springen und mit ihnen im Teich zu schwimmen.

Simon, das kleine Entlein, piepste ängstlich und hatte vor dem Wasser große Angst, da es noch nie geschwommen war.

Der Entenvati stieg aus dem Wasser und stellte sich zur kleinen Ente Simon, um ihr ins Wasser zu helfen. Muttiente, Matthias und Nikola ruderten ganz nahe ans Ufer und Simon hüpfte nach einigem Zögern auf den Rücken der Entenmutti. Die Entenmutter schwamm mit dem Entlein auf dem Rücken langsam ein Stückchen in den Teich hinaus. Vati, Matthias und Nikola folgten dicht nebeneinander. Simon gefiel das sehr gut, und voll Freude sprang er von Rücken zu Rücken. Zum Schluß sprang er sogar vom Rücken der großen Entenschwester Nikola ins Wasser.

Glücklich schwamm die Entenfamilie, die Enteneltern, die kleine Ente Simon, der Entenbruder Matthias und die große Entenschwester Nikola, im Teich herum.

Tom kommt in den Kindergarten

Andrea Hummer,
Ingrid Kaufmann,
Elke Schlager-Weidinger

Es war einmal eine liebe Bärenmami. Die hatte ein kleines, pfiffiges Bärenkind. Jeden Tag, wenn der kleine Tom Lust hatte, lief er zu seiner Mama und kuschelte sich an ihr warmes, weiches Fell. Die Mami duftete bärig gut. Gemeinsam gingen sie auf Futtersuche, naschten Honig oder tollten miteinander umher.

An den Tagen, an denen Vater Bär den Kleinen abholen kam, war Tom besonders aufgeregt. Der Bärenpapa hatte dann wirklich nur für ihn Zeit. Jedesmal erlebten sie etwas Neues. Am Abend beim Kuscheln mit Mami hatte er dann viel zu erzählen. Eines Tages sagte die Bärenmami: „Mein Schatz, morgen darfst du in den Bärenkindergarten gehen." Gemeinsam kauften sie eine Jausentasche und steckten Turnsachen und Turnpatschen in das selbstgenähte Sackerl.

Die Nacht war für Tom sehr lange, seine Freude war groß. Am Morgen war es dann soweit. Mama und Tom marschierten gemeinsam zum Kindergarten. Dort gab es sehr viel zu sehen: tolle Autos, viele Bausteine, Puppen, Bücher und viele neue Bärengesichter. Eva, die Kindergärtnerin begrüßte Tom: „Hallo Tom, möchtest du mit mir und den anderen etwas spielen?" Aber plötzlich war Tom sehr traurig. Wo nur war Mama, seine Mama? Er mußte weinen, und ließ sich von niemandem trösten. Alleine saß er in einer Ecke und wartete auf seine Mama.

Als er so dasaß, lachte ihm plötzlich der Kasperl aus der Spielzeuglade entgegen. Er machte allerlei Späße mit Tom, und auch der Zauberer, das Krokodil und die Prinzessin spielten mit.

Als ihn seine Mama vom Kindergarten abholen kam, rief er ihr zu: „Warte, Mama! Ich muß mich zuerst von meinen Freunden verabschieden."

Blaumützchen

Edith Krenn, Agnes Seyff

In einem großen Wald wohnte eine Zwergenfamilie. Die Eltern hatten große Freude mit ihren Kindern und alle hatten einander recht lieb. Sie spielten gemeinsam im Wald mit Wurzeln, Steinen und Moos. Wenn der Zwergenvater mit ihnen Pilze und Beeren sammeln ging, halfen sie tüchtig mit. Wenn die Mutter rief: „Kinder, kommt nach Hause, es wird schon dunkel!", dann kamen die Kinder gleich angelaufen. Nur Blaumützchen wurde immer zornig und rief: „Ich will nicht!" Mit diesem Zwergenkind hatten Vater und Mutter Kummer.
Allzuoft passierte es, daß Blaumützchen einfach nicht hören und immer nur seinen Willen durchsetzen wollte.

Als das Zwergenkind wieder einmal so eigensinnig war, geschah etwas Unglaubliches:
Blaumützchen wurde von Kopf bis Fuß knallrot! Als die Tiere und Zwerge im Wald dies sahen, erschraken sie sehr und liefen davon. Sie fürchteten sich vor ihm. Mit einem so knallroten Wicht wollte keiner spielen.
Da wurde Blaumützchen traurig. Denn jedes Mal, wenn es zornig wurde, liefen seine Spielkameraden erschrocken davon. Die Eltern wußten keinen Rat mehr, und sie beschlossen, mit ihrem Kind zur klugen Eule zu gehen. Diese hörte sich die seltsame Geschichte an. Sie nahm Blaumützchen an der Hand, führte es zum Fliegenpilz und sprach: „Dieser Pilz ist giftig, aber vor vielen Jahren war er noch genießbar. Er wollte immer nur dort wachsen, wo es ihm gefiel. Er wurde sehr wütend, wenn er nicht die schönsten Plätzchen zum Wachsen bekam. So wurde er immer zorniger, giftiger und rot!“ Blaumützchen sah, daß der Fliegenpilz zwar die schönsten Plätzchen hatte, aber ganz allein stand, da ihn keiner mochte.
Das Zwergenkind wurde nachdenklich und nahm sich die Geschichte vom Fliegenpilz sehr zu Herzen. Es wollte nicht so werden wie der Fliegenpilz. Von diesem Tag an verfärbte es sich immer weniger und bald hatte es wieder viele Spielkameraden.

Der Wackelsessel

Beatrix Burgholzer,
Fred Portmann

Irgend etwas mußte in der Tischlerei Nagel eines Tages schiefgegangen sein.

Da stand plötzlich ein Sessel, der, so gerade man ihn auch hinstellte, immer wackelte. Besonders wenn er in der Küche am Fliesenboden stand, gab es ein lautes Geklapper, das die Tischlersfrau sehr störte. Und einmal, als sich das Tischlerkind auf den Stuhl setzte, wackelte dieser gar so stark, daß das Kind vom Sessel fiel. Der Tischlermeister schimpfte: „So hör' doch einmal auf zu wackeln, du verrücktes Ding!" Doch das half nichts. Der Sessel konnte einfach nicht zur Ruhe kommen.

Da stellte ihn der Tischler in eine Ecke des Raumes und die Tischlerin benützte ihn dort als Blumentischchen. Aber schon bald hatte der Stuhl den Blumenstock heruntergewackelt. Das war für alle verdrießlich.

Nun trug ihn der Tischler in einen Abstellraum, wo ihn keiner mehr benutzen konnte. Hier jedoch spielte der Sessel mit den Mäusen nachts die wildesten Wackelspiele, sodaß die ganze Tischlerfamilie keinen Schlaf fand.

Erbost stürmte der Tischler in den Abstellraum und schrie: „Willst du nicht endlich Ruhe geben! Was soll ich denn noch mit dir machen?" – „Ich möchte ein Schaukelstuhl sein!" sagte da der Sessel. Der Tischler meinte: „Warum bin ich nicht gleich darauf gekommen!" Er trug den Sessel in die Werkstatt und baute einen Schaukelstuhl daraus. Seitdem mußte sich die Tischlerfamilie nie mehr über den Wackelstuhl, der ja jetzt ein richtiger Schaukelstuhl war, ärgern.

Der Krachmacher

Birgit Brösler, Fritz Pirnmeier

Auf dem Wohnzimmerschrank stand ein kleiner, schwarzer Radioapparat. Dieser war ein gar kluges Kerlchen. Er wußte von den interessantesten Dingen des Lebens zu berichten, konnte wunderbare Geschichten erzählen und wußte immer die neuesten Nachrichten. Er verstand sich aber auch gut auf die schönen Künste: Er spielte Trompete, Klavier und Trommel und sang die schönsten Liebeslieder. Er konnte leise sprechen, leise musizieren, ganz leise sprechen und ganz leise musizieren, aber am liebsten schrie und musizierte er ganz laut. Und das tat er meistens und so oft, daß seine Stimme schrecklich heiser wurde. Ja, er verlernte das Leisesprechen und das ruhige Musizieren. Und wie er sich auch anstrengte, es gelang ihm nicht mehr. Er konnte nur noch Krach machen. Da nannten ihn alle „Krachmacher" und nur noch selten drehte jemand an seinen Knöpfen, um sich von ihm unterhalten zu lassen. Sosehr er nun auch versuchte, mit der wildesten Musik Leute anzulocken, dieser Krach war einfach allen zuviel.
Da kam die kleine Lisa zu ihm und sagte: „Spiel mir bitte die Sendung vom Traummännlein, aber ganz leise, denn mein kleiner Bruder schläft schon!" Das kleine, schwarze Radio dachte sich die schönste Traummännleingeschichte aus und flüsterte sie der kleinen Lisa ganz leise ins Ohr. Lisa schlief neben dem Radio zufrieden ein. Ab jetzt kam Lisa jeden Tag, um sich eine sanfte, ruhige Traummännleingeschichte vom kleinen, schwarzen Radioapparat ins Ohr flüstern zu lassen.

Kasimir, der Löwe

Maria Kriechmair,
Angela Pirklbauer

Kasimir war ein großer Löwe. Er lebte im Zoo in einem kleinen Käfig und fühlte sich sehr einsam. Die Besucher des Zoos interessierten sich viel mehr für die lustigen, springlebendigen Äffchen, die seine Nachbarn waren. An ihm gingen sie achtlos vorbei. Nur wenn er sehr nahe an die Gitterstäbe herankam und wild brüllte, blieben sie stehen und schauten zu ihm hin. Kasimir bemerkte die Angst in ihren Augen und sah keine Freude in ihren Gesichtern. Auch der Zoowärter brachte ihm zwar täglich zur selben Zeit sein Futter, spielte und scherzte aber lieber mit den anderen Tieren. Da brüllte Kasimir noch viel wilder und lauter. Er merkte aber, daß die Kinder und Erwachsenen bald einen großen Bogen um ihn machten.
Kasimir wurde mit der Zeit trauriger und trauriger. Und eines Tages hatte er nicht mehr die Kraft zu brüllen. Er schmiegte sich eng an die kalten Gitterstäbe, legte seinen Kopf auf die Pfoten und sah sehr, sehr niedergeschlagen aus.
Da kam der kleine Fredi vorbei. Fredi bemerkte Kasimirs traurige Augen. Fredis Eltern wollten schon weitergehen. Fredi ließ sich aber nicht davon abbringen, beim Löwen zu bleiben und ihn zu trösten. Fredi

fragte: „Warum schaust du so traurig? Tut dir etwas weh? Oder hast du Hunger?“ Kasimir aber bewegte sich nicht. Doch Fredi wollte Kasimir unbedingt aufheitern und hüpfte wie ein Zirkusclown vor ihm umher. Das gefiel Kasimir. Langsam hob er den Kopf und sah Fredi zu. Fredi begann zu singen. Das gefiel Kasimir noch besser, und er sang mit. Seine Stimme war gar nicht mehr so laut und furchterregend. Dieses Lied von Fredi und Kasimir klang sehr schön. Kasimir begann sich langsam zu bewegen, und obwohl er viel größer und kräftiger als Fredi war, sah es so aus, als würden sie miteinander tanzen. Die Besucher, die vorbeikamen, blieben stehen und sahen eine Weile zu. Sie bewunderten Kasimirs Tanz. Der Löwe freute sich so darüber, endlich nicht mehr alleinzusein, daß er glücklich weitertanzte.

Er fühlte sich viel freier, obwohl er immer noch im gleichen Käfig lebte. Die Leute erzählten ihren Bekannten von dem glücklichen, tanzenden Löwen, und es kamen immer mehr, um Kasimir zu besuchen. Er hatte jetzt viele Freunde, doch Fredi war sein allerbester Freund.

Da lachte der junge Adler

Monika Maurer,
Gabriele Sonnberger

Hoch oben im Gebirge lebte ein Adlerpaar. Es war auf der Suche nach einem geeigneten Platz für seinen Horst, denn bald sollten Adlerkinder auf die Welt kommen. Das Adlerweibchen legte drei Eier in das ausgepolsterte Nest und setzte sich darauf, um sie schön warm zu halten.

Eines Tages war es soweit. Mit einem leisen Knacks platzte die Eierschale, und ein Adlerjunges schlüpfte heraus. Trotz langen Wartens blieben die anderen zwei Eier geschlossen. Die Adlermutter liebte ihr einziges Adlerkind umso mehr. Sie verwöhnte es mit leckeren Happen, spielte mit ihm und erzählte ihm spannende Geschichten vom Leben im Tal.

Als das Junge flugfähig war, wurde es neugierig auf das Leben im Tal. Es wollte die Hasen, Rehe, Dachse und Füchse selber kennenlernen. Die Mutter warnte es vor diesem Plan. Sie erklärte ihm, daß Adler die Könige der Luft seien und es nicht nötig hätten, sich mit den Vierbeinern abzugeben. Doch das Junge hörte nicht auf seine Mutter.

Auf seinem ersten Erkundungsflug gab es viel Aufregendes zu sehen. Die grünen Wiesen, Wälder, Blumen und Felder gefielen ihm sehr. Doch was bewegte sich dort auf der Waldlichtung? Das Adlerjunge flog näher heran, um besser sehen zu können. Die Kaninchen tummelten sich bei einem lustigen Fangenspiel. Mit krächzender Stimme schrie der Adler den Kaninchen zu: „Ihr müßt schneller und geschickter laufen. Aber ich weiß ein besseres Spiel. Wer kann am längsten auf einem Bein stehen?“ Auf 1 – 2 – 3 – los stellten sich alle Mitspieler auf ein Bein. Da standen sie nun und standen und standen, bis das kleinste der Kaninchen rief: „Das ist ein langweiliges Spiel!“

Jetzt schlug der Adler ein neues Spiel vor und dann noch eines. Damit waren die Kaninchen nicht mehr einverstanden. „Seit du da bist, bestimmst immer nur du! Wir wollen jetzt das Häschen-Hüpf-Spiel spielen.“ Das paßte dem Adler gar nicht, und beleidigt blieb er auf seinem Ast sitzen. Die Häschen ließen sich nicht beirren und hatten viel Spaß an dem Spiel. Auch der Adler fand mit der Zeit Gefallen daran und

mußte beim Zusehen manchmal lachen. Da rief das kleinste Häschen: „Komm, spiel mit!“
Der Adler überlegte nicht mehr lange und probierte auch wie ein Häschen zu hüpfen. Das sah so possierlich aus, daß alle lachen mußten. Doch am lautesten lachte der kleine Adler.

Wie soll man da gewinnen können?

Margit Bötscher,
Ingrid Peherstorfer

Mitten im Urwald lebte ein kleiner, starker Löwe. Von allen Löwen konnte er am lautesten brüllen, und darauf war er mächtig stolz. Am liebsten kämpfte er mit anderen Löwen und war dabei meist Sieger.
Eines Tages veranstalteten die Tiere des Waldes ein großes Fest. Dabei wurde ein Wettkampf ausgetragen, bei dem es auf Geschicklichkeit, Schnelligkeit und Klugheit ankam.
Der kleine, starke Löwe freute sich schon riesig auf das Fest und zählte die Tage bis dahin. Nur eines störte ihn dabei sehr: Man konnte nur mit einer Parnterin, also zu zweit, an diesem Wettkampf teilnehmen.
„Die Weibchen sind schwach und wollen nie kämpfen. Wie soll man da einen Wettkampf gewinnen?“ schimpfte der kleine, starke Löwe.
Endlich war der Tag des Festes gekommen. Am Morgen wurden die Spielpartner zusammengelost. Der älteste Löwe des Urwaldes zog immer zuerst einen Zettel aus dem grünen Topf – darin waren die Namen der Männchen – und dann einen Zettel aus dem gelben Topf – darin waren die Namen der Weibchen.
Gespannt wartete der kleine, starke Löwe, mit wem er gezogen wurde. Da hörte er plötzlich: „Der kleine, starke Löwe spielt mit ... der kleinen, grauen Katze.“ „Oje!“ dachte er und wurde ganz rot vor Zorn. „Ausgerechnet mit so einem schwachen Ding!“ Die kleine, graue Katze hatte ein weiches, kuscheliges Fell, war sehr schlau und konnte vor allem gut hören. Das ganz Besondere aber an ihr war, daß sie eine richtige Schmeichelkatze war. Deshalb hatten sie die Tiere auch so gern.
Das Wettspiel begann:
Die erste Station schafften die Katze und der Löwe ausgezeichnet. Man mußte genau horchen und schnell laufen. Hören konnte die kleine, graue Katze ausgezeichnet und damit sie beide ganz schnell waren, hatte die Katze eine Idee: Sie setzte sich auf den Rücken des Löwen und hielt sich fest.
Auch bei den nachfolgenden Stationen waren die beiden geschickt und schnell. Dem kleinen, starken Löwen machte das Spiel riesig Spaß. Er wollte gar nicht aufhören, als sie die letzten Stationen hinter sich hatten.

Am Abend warteten alle Tiere gespannt auf die Siegerehrung. Ob ihr es glaubt oder nicht: Der Löwe und die Katze waren die Sieger.
Vor Freude schmiegte sich die kleine, graue Katze an den kleinen, starken Löwen und flüsterte ihm zu: „Du warst der beste Partner, den es gibt, und außerdem hast du die schönsten Augen von allen." Der kleine, starke Löwe wußte vor Freude nicht, wo er hinschauen sollte.
Von diesem Tag an waren die beiden Freunde und spielten oft gemeinsam. Manchmal muß der Löwe noch dran denken, wie er früher, als er noch klein und unerfahren war, nicht mit Weibchen spielen wollte.

Wie Oskar wieder glücklich wurde

Michaela Kurz, Maria Rinner

Es war einmal eine Spitzmäuschenfamilie, die wohnte unter einem großen Erdbeerwald in einer kuscheligen Höhle. Die Höhle hatte viele Gänge, in denen Oskar, das kleine Spitzmäuschenkind, herumsausen konnte. Er sauste den ganzen Tag durch die Gänge und guckte neugierig hinter jede Tür. Einmal kam er gerade zurecht, als Oma Spitzmaus einen Kuchen gebacken hatte. „Mmmm, hier duftet es aber gut!" stellte Oskar fest. „Komm doch herein und iß ein Stück mit mir!" rief Oma. Zusammen ließen sie sich den Kuchen gut schmecken.
Ein anderes Mal besuchte er seine Tante und das Babymäuschen. Er durfte sogar beim Baden helfen. Oskar machte das alles großen Spaß. So vergingen die Tage im Nu.
Wenn die Sonne einmal besonders warm schien, machte das kleine Mäuschen mit Mamamaus und Papamaus einen Spaziergang durch den Erdbeerwald, wo sie alle drei eifrig naschten.
Als er am Abend im Bett lag, dachte Oskar: „Heute war es aber wieder besonders schön."

Plötzlich hörte er seine Eltern streiten. Oskar sagte leise: „Warum streiten sie, wenn es doch so schön war!" Er konnte das gar nicht verstehen. Eines Tages passierte es dann. Papamaus und Mamamaus wollten nicht mehr streiten, und deshalb zog Papamaus in eine eigene Höhle. Von diesem Tag an war Oskar sehr unglücklich. Er lief nicht mehr durch die Gänge und war am liebsten allein. Kam er dann doch wieder einmal zu Tantemaus, zog er Babymaus am Schwänzchen, und bei Oma ließ er den besten Kuchen stehen. Nur in Papas Höhle traute er sich nicht.
Alle überlegten, was Oskar fehlen könnte. Eines Abends hörte Mama, wie er im Bett leise sagte: „Ich will nicht, daß alle weggehen, die ich liebhabe!"
Am nächsten Tag, als die Sonne Oskar weckte, nahm ihn Mama bei der Pfote und ging mit ihm zu Papas Höhle. Nach einem gemeinsamen Frühstück beschlossen sie, daß Oskar bei seinen Ausflügen auch jederzeit in Papas Höhle kommen darf.
Jetzt war Oskar wieder froh. Seither saust er wieder fröhlich durch Gänge und Höhlen, denn er weiß, daß Papas Höhle immer für ihn offensteht.

Der Streit der Wolken

Benno Blaha, Feri Pauer

Drei Wolken schwebten friedlich über den Himmel und schauten auf die Welt hinunter. Viele interessante Dinge konnten sie da beobachten: Sie sahen den Leuten bei der Arbeit zu, den Autos beim Fahren, den Pferden beim Galoppieren und den Kindern beim Spielen. So konnte den Wolken nie langweilig werden. Eines Tages stritten die drei Wolken darum, wer als erster in der Reihe über den Himmel ziehen durfte. Die Schneewolke sagte: „Ich bin die schönste. Ich bin ganz weiß. Ich darf daher als erste ziehen." Die Regenwolke meinte: „Ich bin die wichtigste, denn ich bringe den Menschen das Wasser zum Trinken und den Blumen den Regen zum Wachsen. Ich darf daher als erste ziehen."
„Ich ziehe als erste", schrie die Gewitterwolke, „denn ich bin am stärksten, lautesten und wildesten!" Da zogen drei Schäfchenwolken, die das Gespräch mitgehört hatten, vorbei. Sie riefen den drei streitenden Wolken zu: „Wir ziehen euch voraus, denn wenn wir über den Himmel schweben, freuen sich die Menschen. Wenn die Schneewolke kommt, laufen sie in die Häuser, wenn es regnet, verstecken sich alle unter ihren Regenschirmen, und wenn die Gewitterwolke kommt, fürchten sie sich."
Das sahen die Schneewolke, die Regenwolke und die Gewitterwolke ein, und sie beschlossen, nur nachts, wenn alle Menschen schlafen, den Schnee, den Regen und die Blitze auf die Erde herabzulassen und tagsüber friedlich nebeneinander über den Himmel zu ziehen.

Bunki, das singende Nilpferd

Susanne Gattringer,
Regina Mayr

Bunki, das Nilpferd, wohnt mit vielen anderen seiner Artgenossen in einer Flußmündung in Afrika. Es ist ein sehr aufgewecktes, neugieriges und lustiges Nilpferdkind. Eigentlich könnte sich Bunki in dieser schönen, sumpfigen Gegend sehr wohl fühlen. Doch seit einiger Zeit ist Bunki gar nicht mehr so froh und glücklich Alle seine Freunde sind eifrig beim Vorbereiten des großen Geburtstagsfestes für Großvater Nilpferd. Nur unser Bunki darf nicht mitmachen. Warum denn?

Bunki ist zwar lustig und aufgeweckt, freut sich, hüpft und springt, wenn er bei einem Spiel gewinnt, wird aber ganz fürchterlich wütend, wenn er nicht der Sieger ist. Deshalb haben die anderen Nilpferdkinder beschlossen, daß Bunki bei der Vorbereitung der Geburtstagsfeier für Großvater Nilpferd nicht mitmachen darf. Traurig setzt er sich unter einen Baum. Auf diesem Baum sitzt ein Vogel, der sich durch Bunki nicht in seinem fröhlichen Gesang stören läßt. Bunki hört ein Weilchen zu, summt mit und beginnt zu singen. Die anderen Nilpferdkinder überlegen inzwischen, wer das Geburtstagsständchen für Großvater Nilpferd singen wird. Auf einmal hören sie Bunkis schönen Gesang. Alle horchen aufmerksam zu und beschließen, daß Bunki mit seiner schönen Stimme das Geburtstagsständchen singen soll. Gemeinsam fragen sie ihn, ob er damit einverstanden wäre. Und glücklich sagt er zu.

In Hofers Garten

Boris Baldauf, Fanny Pieringer

Es war einmal eine Raupe. Sie wohnte auf den Salatblättern in Herrn Hofers Garten. Als sie wieder einmal lustig vor sich hinfraß, hörte sie Herrn Hofer, der gerade der Gartenarbeit nachging, vor sich hinschimpfen: „Dieses verflixte Raupenzeug ist zu nichts gut: klein, häßlich und schädlich. Ja, die Regenwürmer, die lob' ich mir, die machen mir die Erde schön locker!" Diese Worte machten die kleine Raupe ganz ärgerlich. Und als sie den nächsten Regenwurm sah, rief sie ihm zu: „Du bist ein blöder Erdkriecher!" Der Regenwurm antwortete: „Dafür bin ich dreimal so lang wie du!"

Nach ein paar Monaten, als der Regenwurm wieder einmal seinen Kopf neugierig aus der Erde streckte, flatterte ein wunderbares, buntes Ding direkt über ihm und rief ihm zu: „Hallo, alter Freund! Du bist ja schon wieder länger geworden. Wie geht's da unten in der Erde?" „Danke, gut!" antwortete der Regenwurm erstaunt. „Aber ich kenne dich doch gar nicht." „Schmetterling ist mein Name, und früher war ich die kleine Raupe, die Herrn Hofers Salatblätter fraß. Weißt du was, heute hörte ich, wie Herr Hofer murmelte: ‚Ich habe doch die schönsten Schmetterlinge des Dorfes in meinem Garten und die schönsten und längsten Regenwürmer!'

Mäuserich hat viel gelernt

Angelika Götzenberger,
Maria Lackinger

Es lebten einmal im Keller eines alten Hauses viele, viele Mäuschen, die einander alle sehr gern hatten.
Sie spielten gemeinsam, halfen einander und waren immer fröhlich miteinander.
Doch ein Mäuserich war dabei, der konnte das nicht. Wenn die anderen spielten, zog er sie am Schwänzchen, zupfte sie an den Ohren und kratzte sie an den Bäuchen. Manchmal schnappte er ihnen den Käse vor der Nase weg und freute sich auch noch darüber.
So zogen sich alle Mäuschen vor ihm zurück und wollten nichts mehr mit ihm zu tun haben. Da wunderte sich der Mäuserich aber, denn er hatte auf einmal keine Freunde mehr. So saß er allein im großen Keller.
Auf einmal hörte er eine Stimme: „Mäuserich, ich brauche deine Hilfe. Eine große, schwarze Katze bedroht unser Mäusereich!“ Da sah der kleine Mäuserich, daß er dem großen Mäusekönig gegenüberstand. Dieser sprach weiter: „Ich weiß, daß nur du alleine es schaffen kannst, die Katze wegzulocken.“
Sofort machte sich der Mäuserich auf den Weg. Und tatsächlich, er schaffte es, die Katze zu vertreiben.
Da jubelte ihm das Mäusevölkchen zu und bedankte sich bei ihm.
Jetzt war unser Mäuserich wieder glücklich, denn er hatte alle seine Freunde zurückgewonnen.
Wer wissen will, wie es dem Mäuserich gelungen ist, die große, schwarze Katze zu vertreiben, dem flüstere ich es ins Ohr: Er spielte mit ihr so lange Fangen, bis sie erschöpft war und sich verärgert trollte.

Ossi, der Maulwurf

Irmtraud Pfaffenhuemer
Astrid Streinz

Familie Maulwurf lebte in einem großen Gemüsegarten. Sie wohnte in langen Gängen unter dem Salatbeet. Die Maulwurfkinder spielten gerne Verstecken in den Gängen. Nur der Maulwurf Ossi stand immer vor dem Höhleneingang und durfte nicht mitspielen.
Eines Tages stand Ossi wieder traurig in einer Höhlennische und schaute den anderen beim Spielen zu. So gerne hätte er selbst mitgespielt. Da kam ein dicker, langer Regenwurm gemütlich angekrochen und beobachtete die lustig umhertollenden Maulwurfkinder. Plötzlich entdeckte er Ossi, und er wunderte sich über sein trauriges Gesicht. „Warum spielst du nicht mit? Kannst du dich nicht schnell genug verstecken?"
Ossi erzählte zerknirscht: „Ach nein, sie lassen mich nicht mitspielen. Mein Fell ist zottig und glänzt nicht so schön, wie das meiner Geschwister. Deshalb wollen sie mich nicht dabeihaben. Außerdem werde ich immer ausgelacht, weil ich so tolpatschige Füße habe."
Der Regenwurm wunderte sich zwar über diese Geschichte, aber er mußte weiterkriechen, um die Erde im Gartenbeet aufzulockern. Am Nachmittag zogen plötzlich dicke, schwarze Regenwolken auf, und heftige Winde brachten ein starkes Unwetter. Der strömende Regen füllte im Nu alle Gänge mit Wasser und Schlamm und die Maulwürfe retteten sich, so schnell sie konnten, aus der Erdhöhle hinaus ins Freie. Vor Angst zitternd suchten sie Schutz unter den Salatblättern. Die Maulwurfmutter zählte ihre Kinder und stellte – oh Schreck – fest, eines fehlte! Wer fehlte? Das jüngste Maulwurfkind hatte es nicht mehr geschafft, sich zu retten. Alle standen ratlos da und wußten nicht, was sie tun sollten. Der Maulwurfvater rief verzweifelt: „Wir müssen graben, um das Kind zu retten! Wer hilft mir?" Aber keines der Maulwurfkinder meldete sich. Sie hatten Angst, daß ihr glänzendes Fell naß werden könnte und mit Schlamm beschmutzt werden würde.
Nur einer, Ossi, hatte sich schon längst aufgemacht und hinter dem Gemüsebeet zu graben begonnen. Er achtete nicht auf die schlammige Erde und sein schmutziges Fell, er war nur froh über seine großen,

starken Hände. Es dauerte nicht lange, bis er das vermißte Maulwurfkind gefunden und gerettet hatte. Da staunte die Maulwurffamilie, und Vater und Mutter waren sehr stolz auf Ossi. Alle waren sich einig, daß sie froh sein mußten, Ossi zu haben.

Speedy, die langsame Maus

Annelies Eigner, Petra Praher, Inge Fischlinger

Speedy, ein kleiner Mäusejunge, besucht mit vielen anderen Mäusen den Hort im Kornfeld.
Heute müssen sie vom Sammeln der Nahrung und von ihren Feinden, den Katzen, lernen.
Alle Mäusekinder beeilen sich, um fertig zu werden.
Nur Speedy trödelt und denkt nicht daran, sich anzustrengen. Er schaut zum Mauseloch hinaus und betrachtet vorbeiziehende Wolken, einen bunten Schmetterling und sieht den Mäusejungen am großen Spielplatz im Gemüsebeet zu. Nach und nach werden die Mäuschen mit dem Lernen fertig und beginnen in der Gruppe zu spielen. Immer wieder beobachtet Speedy seine Freunde beim Bauen mit den Holzschienen, beim Formen mit Plastilin oder beim Kochen in der Puppenecke.
Endlich kann auch Speedy seine Schulsachen wegpacken und zu seinen Freunden gehen.
Doch was nun passiert – damit hat das Mäusekind nicht gerechnet: „Unsere Mäuseeisenbahn ist schon fertig!“ „Wir haben das Plastilin schon aufgeteilt!“ „Wir haben unsere Puppen schon gefüttert!“
Traurigkeit überkommt den kleinen Mäusebuben. Überall ist das Spiel schon fertig eingeteilt. Und er setzt sich niedergeschlagen in eine Ecke. Plötzlich hört er eine vertraute Stimme. Sein Opa ist da, um ihn abzuholen.

Auf dem Heimweg schüttet Speedy seinem Opa das Herz aus. Aufmerksam hört der alte Mäuserich zu und beginnt dann aus seiner Kindheit zu erzählen: Auch er war damals mit dem Lernen nicht

fertiggeworden und hatte sich leid gesehen, wenn die anderen Kinder schon über die Stoppelfelder sausen durften. Seine Freunde aber halfen ihm bei den Aufgaben, und er konnte dann mit ihnen spielen.
Speedy beginnt nachzudenken, und am nächsten Tag versucht er, sich mit dem Lernen zu beeilen. Er bittet einen seiner Freunde um Hilfe. Gemeinsam schaffen sie die Lösung der Aufgaben in kurzer Zeit. Die anderen Mäuse warten schon auf sie. Und miteinander beginnen sie eine große Stadt aus Bausteinen und Holzschienen zu errichten.

Josef, der kleine Ameisenbub

Brigitta Bartosch,
Elfriede Stockinger

In einem Ameisenbau mitten im Wald lebte eine Ameisenfamilie: der Vater, die Mutter und ihr ganzer Stolz, der kleine Ameisenbub Josef. Josef war ein großes, starkes und geschicktes Kind, das den Eltern viel Freude bereitete und sogar schon bei der Arbeit helfen konnte.
Arbeit gab es ja genug im Ameisenbau. Die Tage vergingen mit dem Besorgen von Nahrung, der Reinigung und Erweiterung des Baus und vielem anderem mehr.
Da beschlossen die Eltern, daß Josef nicht allein aufwachsen sollte, und bald hatte unser kleiner Ameisenbub viele Geschwister. Nun hatten die Eltern viel weniger Zeit für ihn. Und auch Josef hatte viel weniger Zeit zum Spielen, denn die Eltern brauchten jetzt seine Hilfe umso mehr. Wer sollte das kleine Ameisenbaby beruhigen, wenn sie mit der Arbeit am Bau beschäftigt waren; wer die anderen Geschwister anziehen und füttern, wenn die Eltern keine Zeit hatten? Unser großer, kräftiger und geschickter Ameisenbub Josef konnte das alles. Nur wollte er auch? Nein, manchmal hatte er keine Zeit und oft auch keine Lust. Er wurde sehr unzuverlässig, vergaß, was die Eltern ihm aufgetragen hatten und spielte statt dessen lieber mit den größeren Ameisenkindern im Wald.
Die Eltern ärgerten sich darüber. Sie verstanden ihr großes, vernünftiges Kind überhaupt nicht mehr. Sie schimpften mit ihm und schickten ihn oft schon vor seinen kleinen Geschwistern zu Bett. Aus Trotz wollte er nun überhaupt nicht mehr auf die Kleinen aufpassen. Er murrte, wenn seine Eltern mit ihm sprachen und wurde frech und unleidlich.
Doch eines Tages wurde alles anders. In der Nachbarschaft zog eine Marienkäferfamilie ein. Sooft unser Josef Zeit hatte, besuchte er die Marienkäferkinder. Sie waren alle schon sehr groß und kannten viele Kunststücke. Sie pfiffen auf Grashalmen, spielten „Punkte-zählen", „Beinchen-strampeln" und kletterten um die Wette über dicke Äste und auf hohe Stengel.
Unser Ameisenbub machte mit Begeisterung mit. Er lernte viele Tricks und lustige Spiele. Außerdem war er sehr geschickt und konnte manches bald besser als seine Freunde, die Marienkäfer. Er freute sich

sehr darüber. Nun wollte er seine neuen Kunststücke auch seinen Geschwistern zeigen.
Diese fanden Spaß daran und konnten von den neuen Spielen nicht genug kriegen. Unser Ameisenbub war oft ganze Nachmittage damit beschäftigt, sein Können weiterzugeben.
Nun hatten seine Eltern auch wieder mehr Zeit zum Besorgen der Nahrung und zur Reinigung und Erweiterung des Baus. Sie waren sehr stolz auf ihren großen und tüchtigen Ältesten.

Bimbo

Elfriede Gasser,
Andrea Salzmann

Bimbo ist das einzige kleine Elefantenkind in einer großen Elefantenherde. Er hat viele Tanten, Onkel, Omas, Opas, aber keine Kinder zum Spielen. Dafür hat Bimbo eine Mama und einen Papa, die er sehr liebt. Jeden Tag begrüßt Bimbo den Morgen mit einem Elefantenlied, das er lustig und fröhlich seinen Freunden entgegentrompetet. Am liebsten jedoch sitzt er mit seinem Papa unter dem großen Urwaldbaum und hört sich dessen Geschichten an. Bimbo ist sehr glücklich.
Doch einmal findet Bimbo am Morgen seinen Papa nicht. Die Mama will ihm erklären, daß Papa plötzlich verreisen mußte, doch Bimbo will nichts hören. Er schlägt sich seine großen Elefantenohren ins Gesicht und läßt den Rüssel hängen. Alle warten vergeblich auf das fröhliche Trompetenlied. Es ist still im Urwald. Jeder will ihn trösten. Die Tante bringt die Lieblingsbananen, aber Bimbo will nichts essen. Der Onkel trompetet sein Lieblingslied, aber Bimbo will nichts hören. Die Oma erzählt einen Witz, aber Bimbo will nicht lachen. Bimbo will nicht reden und grüßt auch nicht. Bimbo läuft weg. Er steht unter seinem großen Urwaldbaum und ist traurig.
Erst als Papa zurückkommt, kann er sich wieder freuen. „Jetzt fährst du nie wieder weg!“ jubelt Bimbo und schwingt den Rüssel in die Luft. „Einmal muß ich noch verreisen“, sagt Papa, „doch du weißt ja, daß ich wiederkomme. Du brauchst also nicht mehr traurig zu

sein. Das nächste Mal werde ich es rechtzeitig sagen, wenn ich wegfahre, damit wir uns verabschieden können".
Eines Tages ist es wieder soweit. Als Bimbo am Morgen trompeten will, muß Papa wieder fort und verabschiedet sich. Bimbo will ihm ein Abschiedslied trompeten, doch er bringt keinen Ton heraus und rennt allein zum großen Urwaldbaum. In seinem Kummer zeichnet er mit einem Stöckchen den Papa in den Sand. Als er fertig ist, spricht er mit dem gezeichneten Papa. Das macht er jeden Tag, und so vergeht die Zeit sehr schnell. Als er eines Morgens wieder zum Urwaldbaum kommt, ist das Bild vom Wind weggeweht worden. Aber Bimbo schließt die Augen und kann den Papa genau sehen. Und er weiß es ganz genau: PAPA IST BALD WIEDER DA!

Das Fohlen

Marianne Lindner,
Renate Reidinger

Auf einem großen Bauernhof lebten ein Pferdevater, eine Pferdemutter und ein Pferdekind. Es war ihr einziges Kind, und sie hatten es sehr lieb. Sie besuchten oft die anderen Tiere des Hofes. Das Pferdefohlen wurde von allen bewundert und beachtet, wenn es seine Kunststücke vorzeigte. Dem Pferdejungen gefiel es, wenn die Eltern mit ihm in den nahen Wald galoppierten und viel Zeit für es hatten.
Doch eines Tages fühlte sich die Pferdemutter nicht wohl. Das Kind wollte ausgaloppieren, doch der Vater meinte, es würde nun für einige Zeit darauf verzichten müssen, da es bald ein Geschwisterchen bekommen würde. Das kleine Fohlen freute sich schon auf einen Spielgefährten. Viele Wochen blieben sie nun auf der Koppel und warteten auf das Pferdebaby. Eines Tages war es soweit, und ein kleines, hilfloses Fohlen lag neben seiner Mutter im Stroh. Die Mutter liebkoste und leckte es und half ihm auf die Beine. Der Hofhund weckte mit seinem Gebell alle Tiere und rief sie in den Stall. Neugierig kamen der Hahn, die Kuh, das Schwein und das Schaf gelaufen, um zu schauen, was es denn zu sehen gäbe. Alle staunten und bewunderten das kleine Fohlen sehr. Täglich kamen sie nun und besuchten es, um zu sehen, wie es kräftiger wurde.
Das große Fohlen beachtete nun keiner mehr, und es stand weit abseits allein am Zaun. Da überkam es ein furchtbarer Zorn, und es begann, mit seinen Hufen gegen das kleine Fohlen zu stoßen und zu treten. Natürlich wurde es von Vater und Mutter deswegen heftig geschimpft. Von nun an fühlte es sich ausgestoßen und von niemandem mehr geliebt.
Eines Tages gab es am Hof große Aufregung. Das kleine Fohlen war nicht in seinem Stall. Alle Tiere suchten den Hof, die Koppel und die Umgebung ab. Vater und Mutter machten sich Sorgen um ihr Jüngstes. Da nahm das große Fohlen allen Mut zusammen und verließ allein die Koppel, um ebenfalls bei der Suche zu helfen. Nahe am Waldrand, an dem es oft mit seinen Eltern auf Ausflug gewesen war, nahm es plötzlich die Witterung des Geschwisterchens auf. Es folgte dem Duft, und da es sich dort gut auskannte, fand es schließlich das Jüngste. Es hatte sich im Gestrüpp verfangen und konnte sich mit seinen wackeligen Beinen

nicht selbst befreien. Da half der große Bruder mit seinem ganzen Geschick, und gemeinsam lösten sie die Fesseln. Der große Bruder brachte das Jüngste sicher nach Hause. Es gab einen Riesenjubel. Überglücklich wurden sie begrüßt und das große Fohlen von allen bestaunt und als Retter und Held gefeiert.

Der Hase Cäsar

Gudrun Brünner,
Katharina Pammer

Es war einmal eine Hasenfamilie, die in einem Hasendorf im Märchenwald wohnte.
Die Haseneltern hatten einen kleinen Sohn mit Namen Cäsar. Cäsar war ein lieber Junge. Er hatte viele Hasenfreunde, mit denen er am liebsten Erdhöhlen zum Versteckenspielen baute. Jedoch beim Essen wollte Cäsar nie seine Karotten und Äpfel knabbern. Viel lieber mochte er weiche Salat- und Löwenzahnblätter.
Die Hasenmutter ermahnte ihn oft, Karotten und Äpfel zu knabbern, da sonst seine Zähne zu wackeln beginnen würden.
Cäsar folgte nicht. Er fraß weiter seine weichen Blätter. Eines Tages war es soweit. Die Zähne wackelten und als er in den Spiegel schaute, waren sie auch noch grün.
Er weinte und lief zur Mutter. Da sagte die Mutter: „Nun haben wir die Salat-Zähne!"
Cäsar jammerte: „Mutti, was muß ich tun? Ich möchte wieder schöne, starke, weiße Hasenzähne haben."
„Weißt du was Cäsar, wir werden die Zahnfee besuchen."
Sofort machten sie sich auf den Weg zur Blumenwiese, auf dem das Schloß der Zahnfee stand.
Die Blumenwiese war schön, weich, warm und bunt.
Das komische Gefühl, das Cäsar im Bauch hatte, verging.
Das Tor des Schlosses öffnete sich, und die Fee begrüßte Cäsar und seine Mutter.
Sie fragte Cäsar nach seinem Wunsch.
Er erzählte ihr von seinen wackeligen, grünen Zähnen.
„Ich hätte gerne weiße, feste Zähne, aber leider sind sie wackelig und grün."
Die Fee hörte sich den Wunsch an und bat ihn, am Thron Platz zu nehmen, damit sie seine Zähne anschauen könne.
Er setzte sich bequem nieder und öffnete weit seinen Mund.
„Cäsar, du bist gerade noch rechtzeitig gekommen! Ich gebe dir eine Zahnfestigkeitspuddingcreme, die du dreimal am Tag nehmen mußt.

Und zwischendurch mußt du viel Karotten und Äpfel essen."
Voller Freude ging Cäsar mit seiner Mutter nach Hause. Fleißig nahm er die Zahnfestigkeitspuddingcreme und aß auch viele Äpfel und Karotten. Nach einer Woche waren die Zähne ganz weiß, fest und hart. Fröhlich ging Cäsar alleine zur Zahnfee, bedankte sich für ihre Hilfe und zeigte ihr seine schönen Zähne.
Zu Hause erwartete ihn eine Überraschung.
Seine Mutter hatte ein Fest vorbereitet, alle Hasenfreunde waren da, und es gab ein lustiges Karottenwettessen.

Da strahlten die Augen des Zwergenmädchens

Christine Pichler,
Heidemarie Traxler

In einem großen Wald steht eine mächtige Eiche. Zwischen ihren weitverzweigten Wurzeln gibt es viele Höhlen, in denen sich eine Zwergenfamilie ein gemütliches Heim geschaffen hatte. Ich will Euch nun von dieser Zwergenfamilie erzählen: Wie ihr wißt, sind Zwerge ein fleißiges Volk, bei dem auch die kleinen Zwerge den Eltern schon eifrig zur Hand gehen. Jeden Tag arbeitet der Vater im Wald mit anderen Zwergen. Sie bearbeiten Holz für den Bau der Zwergenhäuser und hacken Reisig für den Winter.

Inzwischen sorgt die Mutter für das Wohl ihrer Familie. Sie kann besonders gute Obstkuchen backen, für die die Kinder gerne Beeren und Nüsse sammeln.

In unserer Zwergenfamilie leben außer den Eltern noch zwei Schwestern. Die ältere ist ein tüchtiges Mädchen. Immer ist sie zur Stelle, wenn die Mutter etwas braucht, flink deckt sie den Tisch, hilft beim Kochen und Backen und bereitet den Eltern sehr viel Freude.

Das jüngere Mädchen aber macht ihnen oft Sorgen. Es ist tolpatschig und wenn es der Mutter hilft, läßt es sogar manchmal einen Teller fallen oder verschüttet die Suppe.

Oft sagen die Eltern zu ihm: „Paß doch besser auf!“ oder „Beeil dich ein bißchen!“ Manchmal bekommt es sogar zu hören: „Laß das lieber deine Schwester machen!“ Stellt euch vor, immer wenn Besuch kommt, setzt

sich das Mädchen in eine Ecke und getraut sich kaum ein Wort zu sprechen! Unser kleines Zwergenmädchen ist oft traurig wegen seiner Ungeschicklichkeit.
Eines Tages geht es in den Wald spazieren, pflückt Blumen und setzt sich in Gedanken versunken auf einen weichen Moospolster. Es denkt: „Warum bin ich nicht auch so tüchtig wie meine Schwester? Alles kann sie besser, und die Eltern sind stolz auf sie."
Und während es nachdenkt, flicht es einen Kranz aus den gepflückten Blumen und setzt ihn sich ins Haar. Am Nachhauseweg begegnet ihm seine ältere Schwester, die gerade mit einem Korb voller Beeren des Weges kommt. Und was glaubt ihr, hat sie gesagt? „Was hast du da für einen wunderschönen Blütenkranz im Haar? Wer hat ihn dir gemacht? Oh, so etwas möchte ich auch gerne haben!"
Da strahlen die Augen des kleinen Zwergenmädchens, und es antwortet: „Ich habe ihn geflochten und wenn du willst, flechte ich dir auch einen Kranz."
Gesagt, getan – und als die Mädchen nach Hause kommen, freut sich die Mutter nicht nur über die gepflückten Beeren, sondern bewundert auch das Geschick ihrer jüngsten Tochter.

Als die Biene nicht mehr fliegen konnte

Beate Bronner,
Fabian Pointner

Das kleine Bienchen summte durch den Wald. Es hatte schon alle Beinchen voll mit Blütenstaub. „Ich bin schon voll beladen, und außerdem bin ich müde. Ich werde mich auf den Heimweg machen", dachte das Bienchen. Da sah es plötzlich in einiger Entfernung eine wunderschöne, große Blume. „Die ist ja voller Blütenstaub! Den will ich mir noch holen!" Und sie summte dorthin, belud sich mit dem Blütenstaub und bedankte sich bei der Blume. „Ich bin schon voll beladen und außerdem bin ich müde. Ich werde mich jetzt auf den Heimweg machen", dachte das Bienchen. Da entdeckte es in einiger Entfernung einen Kirschbaum mit vielen wunderbar weißen Blüten. „Dort muß ich noch hin!" sagte sich die kleine Biene und flog mühsam auf den Baum. Sie sammelte noch etwas Kirschblütenstaub, den sie mit letzter Kraft auf sich laden konnte. Fast wäre sie vom Baum gefallen, so schwer war sie beladen. Sie landete neben dem Kirschbaum, um sich ein wenig auszurasten. „Ich bin schon voll beladen und außerdem bin ich müde. Ich werde mich bald auf den Heimweg machen", dachte das Bienchen. Da sah es vor sich ein kleines Gänseblümchen. „Dort will ich noch hin!" Es breitete seine Flügel aus, doch es konnte sich nicht mehr in die Lüfte erheben, zu schwer war seine Last. Da beschloß es, für heute mit der Arbeit aufzuhören und zu Fuß nach Hause zum Bienenstock zurückzuwandern. Doch der Weg über Stock und Stein, Grashalme und Blätter war ungewohnt und beschwerlich. Das Bienchen verlor dort einen Packen und da einen Packen Blütenstaub. Schließlich bemerkte es, daß ihm nur mehr ein kleines Binkelchen davon geblieben war. Es hatte nun gar nicht mehr schwer zu tragen. Da schwirrte es mit den Flügeln und flog nach Hause zum Bienenstock, wo es gerade noch rechtzeitig vor dem Finsterwerden todmüde ankam.

Ein neuer Freund im Vogelpark

Elfriede Kern, Anita Reiter

Im Vogelpark leben viele bunte Vögel. Sie spielen sehr gerne „Es fliegt, es fliegt“ und „Ich seh', ich seh', was du nicht siehst“. Am liebsten singen sie miteinander fröhliche Lieder. Eines Tages erfahren sie, daß ein neuer Vogel, der sogar sprechen kann, zu ihnen kommt. Sie freuen sich schon sehr auf den Papagei mit dem Namen Lora.

Zur Begrüßung singen sie ihm ihr Lieblingslied vor. Der Wellensittich lädt den Papagei ein, mit ihnen zu singen. Doch der Papagei will viel lieber krächzen. Er krächzt so laut, daß sich die anderen Vögel darüber ärgern müssen. Und als die anderen singen, hält er sich die Ohren zu. Das macht der Papagei jedesmal, wenn sie beisammen sind.

Eines Tages beschließen sie, ein Vogelfest zu veranstalten. Auch die kluge Eule ist eingeladen.

Die Eule erzählt den Vogelkindern zur Begrüßung eine lustige Geschichte. Alle klatschen vor Begeisterung und singen nun der Eule das Lieblingslied vor. Da freut sich die Eule und klatscht ebenfalls. Nun zeigt der Papagei der Eule, wie laut er krächzen kann. Die Eule klatscht begeistert und probiert das laute Krächzen auch gleich aus.

Noch lange dauert das Fest, alle singen, erzählen und krächzen miteinander, so gut sie es nur können.

Kiko aus dem Bilderrahmen

Barbara Binder, Felix Pummhofer

In einem Bilderrahmen war ein Zirkusbild. Da war Hano, der stärkste Mann der Welt, Pepo, der geschickteste Mann der Welt, Susu, die schönste Frau der Welt, Furo, das wildeste Pferd der Welt und Kiko, der lustigste Clown der Welt.
Dieses Bild hing im Rathaus neben dem Zimmer des Herrn Bürgermeisters; es gefiel allen. „Es ist ein schönes Bild", sagten die Leute, „und besonders der Clown, der ist lustig. Es ist der lustigste Clown der Welt!"
Über diese Worte freute sich die ganze Zirkusfamilie. Doch eines Tages wurde es Kiko, dem Clown, in seinem engen Bilderrahmen zu langweilig. Er krabbelte aus dem Bild und wollte das Rathaus besichtigen, obwohl das für Bilderleute streng verboten ist.
Und da passierte auch schon das Unglück: Kiko rutschte aus, fiel vom Bilderrahmen, schlitterte die Wand entlang und landete in einem Papierkorb. Es gab viel Interessantes darin zu entdecken: einen faulen Apfel, ein gebrauchtes Taschentuch, einen Liebesbrief an die Sekretärin und vieles andere mehr. Kiko konnte sich gar nicht daran sattsehen. Plötzlich hörte er Schritte. Besuch für den Bürgermeister nahte. „He, ihr Leute! Hier unten bin ich im Papierkorb! Schaut mich an! Ich bin's, der lustigste Clown der Welt!" Aber niemand beachtete Kiko. Die Leute schauten nur auf das Bild und sagten: „Das Bild ist nicht schlecht, aber irgend etwas fehlt. Schade!" Und sie gingen weiter. Da wurde die ganze Zirkusfamilie traurig. Und auch Kiko begann im Papierkorb zu weinen. Er sehnte sich nach dem Bilderrahmen zurück. Gottseidank ließ Pepo, der geschickteste Mann der Welt, ein Seil zu ihm herab. Hano, der stärkste Mann der Welt, zog nun Kiko an dem Seil herauf zurück ins Bild, wo ihm Susu, die schönste Frau der Welt, voll Wiedersehensfreude einen Kuß auf die rote Clownnase gab, und Furo, das wildeste Pferd der Welt, galoppierte einmal laut wiehernd rund um den Bilderrahmen, sodaß der Bürgermeister erschrocken aus dem Amtszimmer kam, um nach dem Rechten zu sehen. Aber als sein Blick auf das Zirkusbild fiel, war alles so, wie es immer gewesen war. Und der Bürgermeister murmelte: „Es ist jedesmal eine Freude für mich, dieses Bild anzuschauen!"

Tobias ohne Schuh

Gabriele Harfmann, Edith Sigl

In den Bergen lebte das Zwergenkind Tobias mit seiner Mutter in einem Fliegenpilzhaus. Tobias war kein braves Zwergenkind. Er folgte seiner Mutter nur selten und hatte dauernd Streit mit anderen Zwergen.
Er sagte zum Beispiel: „Ihr solltet meinen neuen Drachen sehen! Er ist größer als alle anderen Drachen und fliegt höher als alle eure Drachen zusammen. Außerdem kann ich schneller laufen und rechnen als irgendein anderes Zwergenkind."
Darüber ärgerten sich die Zwerge und keiner wollte mehr mit ihm spielen. Aber Tobias konnte es einfach nicht lassen. Eines Tages passierte ihm aber etwas Verrücktes: Es fing alles ganz harmlos an. Tobias war auf dem Weg nach Hause, da traf er im Wald einen buckligen Gnom. „Wie heißt denn du?" fragte Tobias. „Halmet", antwortete der Gnom. Gleich darauf fing Tobias wieder an aufzuschneiden: „Ich habe zu Hause einen Klebstoff, mit dem kann ich alles, was zerbrochen ist, wieder zusammenkleben." „Ha, ha", lachte da der Gnom. „Mein Klebstoff ist so stark, daß ich dich sogar damit am Boden festkleben kann!" „Das mußt du mir beweisen", erwiderte Tobias. „Also gut", sagte Halmet und gab Tobias einen Schubs, daß er umfiel. Geschwind tupfte er dann ein bißchen Klebstoff auf die Sohle jedes Schuhs.
Tobias sprang zornig in die Höhe und wollte sich auf Halmet stürzen. Aber – verflixt nochmal – der Gnom hatte die Wahrheit gesagt: Tobias' Füße klebten fest am Boden! Er konnte keinen Schritt tun. „Meine Schuhe sind festgeklebt", schrie er. „Mach sofort den Klebstoff weg!" „Kann ich nicht", sagte Halmet grinsend. „Du mußt deine Schuhe ausziehen und auf den Strümpfen nach Hause gehen."
Armer Tobias. Den ganzen langen Weg mußte er auf Strümpfen laufen. Seine Füße taten ihm weh, und die Socken waren bald voller Löcher. Endlich war er zu Hause. Mit letzter Kraft machte er die Fliegenpilzhaustür auf und legte sich erschöpft auf das Sofa. Da erschien der Gnom. Er sagte: „Ich habe die beste Fußwehsalbe, die es gibt – ich schenke sie dir. Und deine Schuhe habe ich auch wieder gebracht."

Der arme – reiche Königssohn

Angela Herlbauer,
Gertraud Schöppl

Vor vielen Jahren lebte einmal ein kleiner Königssohn. Er wohnte mit seinen Eltern und den Dienstboten in einem großen prächtigen Schloß. Sein Spielzimmer war über und über mit Spielsachen aus der ganzen Welt ausgestattet. Da gab es viele bunte Bausteine, prächtige Schaukelpferde, glitzernde Murmeln und andere Dinge in Hülle und Fülle.

Auch seine Kleider waren aus feinster Seide. – Und jeder seiner Wünsche wurde ihm erfüllt. Er war nämlich der einzige Sohn des Königspaares.

Dennoch war er unzufrieden. Nur kurze Zeit freute er sich an allem Neuen – dann langweilte er sich.

So lebte er Tag für Tag im großen Schloß und war unglücklich. Seine Eltern wollten ihm helfen und machten ihm noch größere Geschenke, die dem Jungen aber trotzdem keine Freude bereiteten. Eines Tages kam ein armer Wanderer aufs Schloß und bat um Unterkunft. Er wurde im Stall einquartiert, und der Königssohn brachte ihm die Reste vom königlichen Nachtmahl.

Zum Dank spielte ihm der Mann auf seiner selbstgeschnitzten Flöte eine wundersame Weise. Die Augen des Königssohnes wichen nicht mehr von dem seltsamen Instrument, das er unbedingt besitzen wollte.

Er riß es dem Wanderer aus der Hand und lief schnell in sein Zimmer, wo er es zu den übrigen Spielsachen warf.

Der Mann, der ihm gefolgt war, stand überwältigt in der Tür. Noch nie in seinem Leben hatte er so einen Reichtum erblickt! Als der Junge Tränen in seinen Augen sah, fragte er besorgt: „Warum weinst du?"

Da antwortete der Mann: „Komm mit mir – ich will dir meine Welt zeigen!"

So wanderten sie ins Land hinein und kamen in ein kleines Dorf. Schon vor den ersten Häusern liefen ihnen einige Kinder, in Lumpen gekleidet, entgegen. Sie umringten den Königssohn und griffen vorsichtig nach seiner Weste aus Samt und nach seinen goldenen Knöpfen. Noch nie hatten sie etwas so Schönes und Wertvolles gesehen.

Der Königssohn war auch neugierig geworden und schlich hinter einem Buben in eine einfache Hütte. Da sah es freilich anders aus, als in dem Schloß. Es gab nur zwei Räume, und in dem großen Bett mußten alle vier Kinder gemeinsam schlafen. Als Spielzeug dienten bestenfalls Steine, Holzstückchen und Laub. Doch zum Spielen blieb sowieso sehr wenig Zeit, denn alle Kinder mußten fest mitanpacken bei der Arbeit.
Der Königssohn war traurig und zugleich nachdenklich geworden. Er hatte wirklich alles zum Essen, Anziehen und Spielen. Und diese Kinder hier hatten von allem fast nichts. Er war den Tränen nahe. Da fiel ihm etwas ein. „Ich teile mit euch", verkündete er froh. Und schon am nächsten Tag brachte eine Kutsche Spielsachen, Essen und Kleidung für die armen Kinder.
Der Königssohn selbst verteilte die Geschenke, und es machte ihm große Freude, all die frohen Gesichter zu sehen. Als kleinen Dank schenkte ihm der Wanderer seine Flöte, die der Königssohn von nun an als sein größtes Gut ansah. Aber das Lachen der armen Kinder war ihm mehr wert als alle Schätze der Welt.

Eine Geschichte aus Drollonien

Theresia Minek,
Irmgard Reifeltshammer

Wenn du abends aus dem Fenster schaust, siehst du am Himmel unendlich viele glitzernde Sterne.

Oben, ganz weit oben, gibt es einen besonderen Stern, dort wohnen die Drollinos.

Das ist ein sehr munteres Volk; sie lieben es besonders, Purzelbäume zu schlagen, schillernde Seifenblasen zu machen oder „Fang den Ball“ zu spielen.

Sie bewohnen keine Häuser, sondern große, bunte Kugeln. Jede Familie hat eine andere Farbe.

Loopie und seine Eltern sind von oben bis unten rot. Loopie ist auch von oben bis unten glücklich. Seine Eltern haben ihn lieb, spielen mit ihm und tun überhaupt alles, was sein Herz erfreut.

Eines Abends, es gab Loopies Lieblingsspeise, Erdbeerpudding mit viel Schlagsahne, saßen Mama und Papa neben ihm und schauten sehr geheimnisvoll. Auf einmal flüsterte Mama in Loopies Ohr: „Bald wirst du ein Geschwisterchen bekommen!“

„Kann ich mit dem spielen?“ fragte Loopie.

„Natürlich“, sagte Mama – und Loopie freute sich.

Es vergingen viele Wochen, aber eines Morgens war Mama nicht da. „Mama, wo bist du?“ weinte Loopie. Da kam Papa und erzählte ihm, daß er gerade eine kleine Schwester bekommen habe.

Gleich am Nachmittag durfte Loopie seine Mama und seine Schwester im Drolly-Krankenhaus besuchen.

„Hübsch sieht sie aus und ganz rot. Kann ich gleich mit ihr spielen gehen?“ fragte Loopie.

„Ein wenig mußt du schon noch warten“, erklärte ihm Mama – und Loopie wartete…

Die kleine Schwester war nun schon ein paar Wochen daheim, mit ihr spielen konnte man immer noch nicht.
Viele Drollinos kamen zu Besuch: gelbe, grüne, blaue. Viele Geschenke brachten sie mit, aber keine für Loopie – alle für sein Schwesterchen.
Es hatte sich viel in Loopies Leben geändert: Mami spielte nicht mehr so oft mit ihm, sie erzählte ihm kaum noch Geschichten, er durfte nicht mehr so laut lachen wie früher. Aber wozu auch lachen?! „Hat mich denn keiner mehr lieb, haben mich alle vergessen?“ Dabei kullerten ihm dicke Tränen aus den Augen.
Und Mama sah es, drückte Loopie zärtlich an sich und flüsterte ihm ins Ohr: „Komm, jetzt machen wir die schönsten Seifenblasen von ganz Drollonien, und dann geben wir gemeinsam dem kleinen Schwesterchen das Fläschchen.“

Simba, der stolze Bruder

Edith Rieder, Ingrid Stiglmayer

Es war einmal eine Löwenfamilie: die Löwenmama, der Löwenpapa und das Löwenkind Simba. Die drei führten ein sehr gemütliches Leben. Mama und Papa hatten sehr viel Zeit für ihr Löwenjunges. Sie machten abenteuerliche Ausflüge, besuchten die Löwentanten und Löwenonkel, und irgend jemand hatte immer Zeit zum Spielen mit Simba.

Eines Tages verrieten Mama und Papa ihrem Jungen ein großes Geheimnis: Bald schon wird Simba ein Geschwisterchen bekommen. Alle freuten sich. Gemeinsam richteten sie den Schlafplatz für das Baby her. Simba konnte es nicht mehr erwarten, bis es soweit war.

Als er eines Morgens aufwachte, erschrak er sehr. Er sah, daß sich ganz eng an seine Mama ein Löwenbaby kuschelte. Frechheit! Das war doch jeden Morgen sein Platz!

Der Schreck wurde noch schlimmer, als er merkte, daß auch Papa dieses gelbe Etwas streichelte. Auf so ein Baby, das ihm seinen Platz wegnimmt, konnte er verzichten.

„Guten Morgen, Simba! Schau, du hast eine Schwester bekommen. Komm, setz dich doch zu uns!“

Diese Schwester wollte Simba nicht. Er wollte eine andere Schwester, eine zum Spielen, eine mit der man sich unterhalten konnte, eine mit der man Abenteuer erleben konnte. Aber mit diesem kleinen Ding konnte er wirklich nichts anfangen. Obendrein nahm es ihm seinen Platz und seine Eltern weg.

Simba war heute ganz schlecht gelaunt. Das Frühstück schmeckte ihm nicht. Zur Oma war er frech. Er machte seine Ohren zu, wenn Mama und Papa mit ihm redeten. Er stritt mit den Nachbarkindern, und in einem unbeobachteten Moment ging er zum Schlafplatz seiner Schwester und zerstörte ihn.

„Jetzt ist es aber genug“, brüllte Papa in strengem Ton. Er nahm Simba und setzte sich mit ihm vor den Bau, in den Schatten eines großen Baumes. Papas Blick war noch immer finster, die Stimme aber war wieder leise und freundlich. „Simba, was ist denn heute los mit dir? Du

hast dich doch schon so auf deine Schwester gefreut. Und jetzt schaust du sie nicht einmal an."
„Ich kann es nicht leiden, wenn sie mit Mama kuscheln darf. Niemand hat mehr Zeit für mich. Nirgends ist mehr Platz für mich. Ich will diese Schwester nicht!"
„Simba, deine Schwester braucht dich doch."
„Ich kann mir nicht vorstellen, daß ich von einem gelben Wollknäuel gebraucht werde."
„Doch! Du kannst sie streicheln, bis sie einschläft. Du kannst sie füttern. Du kannst sie beschützen, wenn Mama und ich unser Versteck verlassen."
Simba denkt nach.
Plötzlich fühlt er sich groß, stark und wichtig. Er freut sich, daß er der große Bruder ist, der streicheln, füttern und beschützen kann. Noch heute will er es ausprobieren. Nie im Leben hat er sich so groß gefühlt wie jetzt. Simba ist wieder froh und zufrieden.
Und weil Mama nicht mehr so viel Zeit zum Kuscheln hat, darf Simba jeden Tag mit Papa einen Abendspaziergang machen. Dabei erfährt er viele Geheimnisse und Tricks, wie man ein guter Jäger wird.

Laubbäume raus!

Susanna Lamprecht

Eines Morgens stand er plötzlich neben den anderen in der Reihe. Die Nadelbaumkinder der Baumschule trauten ihren Holzaugen nicht. „Er ist ganz anders als wir!“ wisperte eine schlanke junge Tanne. „Was will der da?“ Zwei breite Fichten stießen sich mit den Ästen an und kicherten im Wind.
Da kam der Lehrmeister, der Herr Förster. „Wir haben ein neues Kind in der Gruppe“, sagte er. „Seid nett zu ihm, es ist nicht von hier. Sein Name ist Kirschbaum.“
Schüchtern drückte sich der Neue in den äußersten Winkel. Es sah so aus, als ob er sich am liebsten unter seinen eigenen Wurzeln verstecken wollte. Die hübscheste Tanne der Baumschule reckte sich und streckte sich. „Rück gefälligst ein bißchen!“ wisperte sie dem Kirschbäumchen zu. „Du nimmst mir den ganzen Platz weg!“ „Wie bitte?“ raschelte der Kirschbaum mit seinen Blättern. Er verstand kein tannisches Wispern, nur laubbäumisches Rascheln! Da drückte die Tanne ihn einfach mit ihren breitausladenden Ästen zur Seite. „Ich bin länger da als du! Das ist meine Erde und mein Sonnenlicht!“ rauschte sie dem Kirschbaum böse zu. Und einige Nadelbäume schrien im Chor: „Laubbäume raus!“
Hinter dem Neuen stand ein kleines, krummes Tannenbäumchen. Es war lange krank gewesen und wollte seither nicht mehr so richtig wachsen. Es wurde von den anderen Nadelbäumen nicht ganz ernst genommen, weil es so schwach aussah. Deshalb kannte es das Gefühl, ausgestoßen zu werden. Jetzt bog die kleine Tanne ihre Ästchen zurück und nickte dem Kirschbaum aufmunternd zu, er solle sich nach ihrer Seite hin ausbreiten. Der Kirschbaum lächelte dankbar mit seinen Blättern.
Die Tage vergingen. Mit der Zeit lernte das Kirschbäumchen ein bißchen tannisch. Es war traurig, weil die anderen seine Sprache gar nicht sprechen wollten. „Kommst du dir nicht blöd vor mit deinen breiten, plumpen Nadeln?“ wollte die stärkste Fichte der Gruppe wissen. „Es heißt Blätter“, dachte der kleine Kirschbaum. Aber er wußte das tannische Wort dafür nicht. Darum seufzte er nur. „Was machst du eigentlich

hier?“ erkundigte sich die hübsche Tanne hochmütig. „Wir werden alle einmal Christbäume, wenn wir groß sind. Du wirst doch nicht glauben, daß du da die gleichen Chancen hast wie wir!“

Das Kirschbäumchen ergrünte (erröten konnte es nicht). „Ich soll einmal auf eine Obst-Plantage kommen. Hierrrr bei euch soll ich lerrrrnen, wie man rrrrichtig in Rrrreih und Glied steht!“ Eine dicke Tanne, die als Raufer der Gruppe bekannt war, prustete los: „Habt ihr gehört, wie der komisch redet? RRRRRRR...“ Da beschloß der Kirschbaum, überhaupt nichts mehr zu sagen, um sich nicht zu blamieren. Aber in der Jausenpause, als der Herr Förster allen das Schulwasser gab, wisperte er doch ein leises „Dankescheeeen“.

„Er jausnet dasselbe wie wir, und Licht und Erde braucht er auch wie wir. Er ist gar nicht so anders, wie ihr behauptet!“ Es war das krumme Tannenbäumchen, das wieder einmal Partei für den Kirschbaum ergriff. Aber die anderen wollten nicht hören.

Anfang Oktober geschah etwas Schreckliches. Der Laubbaum begann sich vor den Augen der anderen einfach auszuziehen! Jeden Tag warf er immer mehr Blätter ab, bis er schließlich unter dem Gespött der Nadelbäume ganz nackt dastand. Die Tannen und Fichten bogen sich im Herbstwind vor Lachen. „Schau, schau! Komische Angewohnheiten für einen normalen Baum!“ „Ich kann nichts dafür!“ verteidigte sich das Kirschbäumchen. „Das ist bei uns Laubbäumen so Brauch!“ Und da bekam der Kirschbaum plötzlich Unterstützung von ganz unerwarteter Seite! Es war die Lärche, die meinte: „Also ICH versteh dich! Ich ziehe mich auch immer aus, bevor der Schnee und die Kälte kommen! Und ich bin doch ein Nadelbaum wie alle anderen.“

Da wurden die übrigen Bäume ein bißchen nachdenklich. „Vielleicht ist er uns doch ähnlicher, als wir glauben?“ überlegten sie bei sich. „Aber zum schön geschmückten Christbaum wird er es doch nie bringen! Wer verziert schon einen, der so aussieht wie der, mit Kugeln und Kerzen?“

Gerade zur Weihnachtszeit, als alle jungen Nadelbäume am aufgeregtesten waren und dauernd in freudiger Erwartung von ihrer Zukunft spra-

chen, war der kleine, kahle Kirschbaum am traurigsten. Das war nicht seine Welt, wie konnte er da mitreden? Er fühlte sich ausgestoßen, einsam und häßlich. Aber im Gegensatz zu den Nadelbäumen konnte er nicht einmal harzige Tränen weinen.
Endlich kam der Frühling. Der Kirschbaum und die Lärche bekamen ein neues Kleid. „Na, jetzt schaust du wenigstens wieder halbwegs anständig aus, und wir müssen uns nicht mehr mit dir schämen!" wisperten die Nadelbäume. „Aber eine Schönheit wirst du nie."
Im Mai fühlte der Kirschbaum ein zauberhaftes Kitzeln in seinen Zweigspitzen. „Ich bin auf einmal so fröhlich!" flüsterte er seinen beiden Freunden, der kleinen Tanne und der Lärche zu.
Und eines sonnigen Tages war es soweit. Der Kirschbaum stand da in einer strahlend weißen Blütenpracht. Er leuchtete und schimmerte, und Bienen, Schmetterlinge und Hummeln kamen ihn besuchen.
„Wer hat denn dich so hergerichtet?" fragte die hübsche Tanne eifersüchtig. „Im Mai kommt doch gar kein Christkind!" „Das hab ich ganz allein gemacht", antwortete das Kirschbäumchen bescheiden.
Da konnten die Nadelbäume nicht anders, als es zu bewundern. „Wie schön du bist!" wisperten sie. „Und du hast es ganz allein geschafft!" ergänzte die Lärche. „Wir sind stolz darauf, daß du in unserer Gruppe bist!" „ ...auch wenn du immer noch recht komisch riechst", konnte es sich die hübsche Tanne nicht verkneifen, zu bemerken. Aber sie meinte es nicht so.
Da lächelte der kleine Kirschbaum mit all seinen Blüten. Denn die Bienen hatten ihm schon gesagt, daß er duftete. Und er selber wußte es auch.

Der Angsthase

Andrea Fritsch, Sigrid Gnaiger

Es war einmal ein kleiner Hase, der lebte mit seiner Mama, seinem Papa und seiner großen Schwester in einem wunderschönen Hasenbau in der Nähe eines Wildbaches. Diesen Bach konnte man nur an einer Engstelle überqueren. An dieser Engstelle war der Bach besonders reißend und zwar so, daß sich der junge Hase nicht annähernd an diese Stelle traute. Deshalb versuchte der kleine Hoppler, diese Stelle so gut es ging zu vermeiden. Er hüpfte auf Wiesen umher, wollte mit Murmeltieren und Eichhörnchen schäkern. Aber die machten sich immer lustig über ihn, weil er so ein Angsthase war. Das stimmte ihn so traurig, daß er sich nicht mehr zu den anderen traute und jeden Tag allein in den Wald spielen ging. Die anderen Tiere hatten schon ganz vergessen, daß es den kleinen Hasen überhaupt gab. Da kam aber ein großes Gewitter, das alle Wald- und Wiesenbewohner in helle Aufruhr versetzte. Der kleine Hase saß in einem seiner Lieblingsverstecke, einem hohlen Baum, und fürchtete sich. Seine große Schwester, die ihr Brüderchen besonders gern hatte, rannte mutig los, um ihn zu suchen. Da passierte das große Unglück: Plötzlich rutschte das Schwesterchen auf dem vom Regen rutschiggewordenen Nadelboden aus und schlitterte den langen Abhang zu der gefährlichen Engstelle des Baches hinab. Zum Glück konnte sie sich gerade noch an einem Ast festhalten. Dort hing sie nun im Wasser und brüllte um Hilfe. Doch die Tiere des Waldes standen nur ängstlich oben am Hügel und trauten sich nicht hinunter. Als der kleine Hase aber sein geliebtes Schwesterchen um Hilfe schreien hörte, vergaß er blitzartig seine Angst und hopste ganz schnell aus seinem Versteck, rutschte geschwind zum Schwesterchen hinab und zog es an den Löffeln mit seiner ganzen Kraft aus dem Bach. Dann half er der zitternden Schwester den Hügel zu den anderen Tieren hinauf.

Ihr könnt euch vorstellen, daß der kleine Hase von nun an nie mehr verspottet wurde, im Gegenteil, er wurde jetzt von allen bewundert.

Pucki, das Eichhörnchen

Ingrid Gattermayr,
Veronika Glaser,
Anna-Maria Hauenschild

Pucki, das Eichhörnchen, lebte mit vielen anderen Eichhörnchen in einem großen Park. Er wohnte mit seinen Eltern und Geschwistern in einer Baumhöhle hoch über der großen Wiese.
Pucki und seine Geschwister spielten gerne mit anderen Eichhörnchen im Park. Besonders gerne spielten sie Fangen.
Doch jeden Tag gab es Streit, weil Pucki immer der Fänger sein wollte.
Die anderen Eichhörnchenkinder hatten das nicht so gerne, weil Pucki ein besonders wilder Fänger war und zornig wurde, wenn er eines der Eichhörnchen nicht erwischen konnte.
Eines Tages wollte Pucki wieder mit den anderen Eichhörnchen spielen.

Er huschte von Ast zu Ast, um seine Freunde zu suchen. Er kletterte auf jeden Wipfel und spähte in alle Baumhöhlen. Aber es war niemand zu sehen. Pucki ärgerte sich. Er rief laut nach ihnen: „Langschwänzchen, Kletterchen, Hüpfzumast, kommt, spielt mit mir! … Ihr seid blöd, weil ihr nicht kommt. Ich mag sowieso nicht mit euch spielen! Ich spiel lieber alleine! Ihr könnt ja gar nicht gut klettern!" Und er setzte sich verärgert auf eine Astgabel.
Doch nach einer Weile fühlte er sich einsam. Er wurde sehr traurig und begann zu weinen.
Von ihren Verstecken aus beobachteten die Eichhörnchen Pucki und bekamen Mitleid mit ihm. Sie kamen hervor und riefen Pucki zu: „Komm, spiel mit uns Fangen!" Und Pucki rief voll Freude: „Wer will der Fänger sein?"

Die Geschichte von der schönen Wiese

Anneliese Gerner, Erika Huber

Auf einer schönen, bunten Wiese wachsen viele Blumen. Zwischen den großen, mächtigen Margariten und den leuchtendblauen Glockenblumen sprießt eine kleine Schar zierlicher Gänseblümchen aus der Erde. Die Sonnenstrahlen locken eines nach dem andern heraus. Sie strecken und recken sich und freuen sich über die warme Sonne und den kühlenden Regen. Sie werden gemeinsam groß und stark und schützen einander vor Wind und Wetter. Am Abend schließen sie ihre Blütenblätter und schlafen ruhig. Am Tage ruhen sich die Bienen auf ihren Blüten aus, und die Schmetterlinge tanzen fröhlich um sie herum. Auf dieser schönen Wiese steht auch ein großer Kastanienbaum, der ihnen kühlen Schatten schenkt. Hier ist auch der Lieblingsplatz von Braunauge, dem Reh.

Eines Tages kommt ein kleines, zierliches, schwaches Blümchen hervor. Es muß geschützt und behütet werden. Alle sollen Rücksicht nehmen. Es drängt hervor – braucht Platz zum Leben. Braunauge aber meint: „Warum soll ich Platz machen? Ich bin schon länger hier!“

Der Kastanienbaum, der das hört, ermahnt Braunauge: „Die Großen müssen auf die Kleinen Rücksicht nehmen!“ Da kehrt das Reh dem Baum beleidigt den Rücken und legt sich zwischen die Brennesseln unter dem nahen Zwetschkenbaum. Braunauge fühlt sich traurig und allein. Das kleine Gänseblümchen aber genießt fröhlich die ersten Sonnenstrahlen.

An einem schönen Herbsttag jedoch verdunkelt sich sehr schnell der Himmel, starker Wind weht über die Wiese. Regen prasselt auf die Blumen nieder und vom Kastanienbaum fallen viele Kastanien. Die Gänseblümchen haben große Angst und schließen ihre Blütenblätter. Da plumpst eine dicke, schwere Kastanie auf sie herab. Sie liegt schwer auf den kleinen Blumen.

Nur Braunauge, das abseits steht, wird nicht von den Kastanien getroffen. Es betrachtet nachdenklich das Unglück der kleinen Blumen. Dann macht es ein paar Schritte auf den Kastanienbaum zu, überlegt und mit einem Mal ist es dem großen, starken Reh klar: Ich will den Blumen helfen. Es eilt zum Kastanienbaum und befreit vorsichtig alle Gänseblümchen von ihrer stacheligen Last. Die Freude ist riesengroß. Und von nun an halten sie alle fest zusammen, und kein Wind, kein Sturm und auch keine noch so große Kastanie kann sie mehr trennen.

Schnirksl und Schnurksl

Ingrid Hauck, Andrea Hauer

Schnirksl und Schnurksl waren zwei Zwergenkinder und wohnten im Märchenwald.
Schnirksl war ein ganz lieber und fleißiger Zwerg. Sein Bruder jedoch, der Schnurksl, wollte sich mit niemandem vertragen. Wohin er auch kam, es gab Ärger. Den Ameisen zerstörte er den mühsam errichteten Bau. Und damit nicht genug: Er zog sie an den Beinen, oder er hielt sie an denselben sogar fest. Andererseits ärgerte es ihn, wenn sein Bruder bei allen Tieren und Waldbewohnern ein gern gesehener Gast war, er aber nirgends eingeladen wurde.
So passierte es wieder einmal: Schnirksl und viele Freunde waren zu einer Geburtstagsfeier beim Hasen Hoppel eingeladen – nur Schnurksl nicht. Das ärgerte Schnurksl natürlich fürchterlich.
Unmittelbar neben der Behausung von Hoppel floß ein Bach vorbei. Da schleppte Schnurksl viele Steine zum Bach und errichtete eine Sperre, sodaß das Wasser des Baches nicht weiterfließen konnte und eine große Überschwemmung entstand. Er selbst setzte sich auf einen Baum, um in Sicherheit vor dem Wasser zu sein und dennoch alles beobachten zu können, was nun weiter geschehen würde.
Das Wasser trat aus den Ufern, strömte hin zum Hasenhaus, floß bei Türen und Fenstern hinein. Die Geburtstagsgäste drohten zu ertrinken und hatten schreckliche Angst.
Da kam zum Glück der Bär vorbei. Er erkannte sofort die Gefahr, räumte die Steine weg und rettete die furchtbar erschrockenen Zwerge und Tiere. Schnurksl fand alles recht spaßig. Nur der Bär hätte nach seinem Geschmack nicht so früh kommen brauchen.
Nach diesem Vorfall beschlossen die Waldbewohner, Schnurksl aus dem Wald zu verjagen. Da bekam es Schnurksl plötzlich mit der Angst zu tun. Was sollte er so ganz alleine in der Fremde tun? Wo sollte er überhaupt hingehen? Doch niemand hatte Mitleid mit ihm, niemand sagte, er solle doch hierbleiben. Das tat ihm sehr, sehr weh.
Als er nun so mit hängendem Kopf durch den Wald trottete, überkam den Bären Mitleid. Er machte sich auf die Pfoten und hatte Schnurksl

schnell eingeholt. Er unterbreitete dem Zwergenkind einen Vorschlag. Welchen? Das blieb ihr Geheimnis.
Als Schnurksl und der Bär zurück in den Märchenwald kamen, schien Schnurksl verändert zu sein. Da staunten die Waldbewohner und freuten sich. Am meisten aber freute sich Bruder Schnirksl.

Dino, das übermütige Saurierkind

Elfriede Hofmann,
Judith Kieslinger,
Karin Straschik,
Brigitte Tiringer

Es war einmal ein Saurierkind, das lebte mit seiner Mutter in der großen Saurierhöhle. Jeden Tag gingen sie gemeinsam auf Entdeckungsreise. Wer immer ihnen begegnete wurde beschnuppert und begrüßt. Alles durfte entdeckt, beschnuppert und begrüßt werden – „Nur die Bananen im Elefantenwald, die gehören den Elefanten", warnte Dinos Mutter. „Keine Angst, Mama, ich gehe nicht in den Elefantenwald", grunzte Dino.

Eines Tages jedoch, als die Dinosauriermama erwachte, lag der kleine Dino nicht wie gewohnt zwischen ihren dicken Vorderbeinen. Auch als Mama Saurier den Kopf aus der Höhle streckte, konnte sie ihn nirgendwo entdecken. So laut sie auch „Dino, Dino!" grunzte, er meldete sich nicht. Dino war alleine auf Entdeckungsreise gegangen.

Ihm begegneten die verschiedensten Tiere. Dino leckte an einem Wollhaarnashorn und schnupperte an einem Ginkobaum – und plötzlich stand Dino unter einem Bananenbaum.
Verlockend leuchteten die leckeren, gelben Dinger zu Dino herab. „Nur ein ganz kleines bißchen knabbern“, dachte Dino und: „Mir kann doch gar nichts passieren.“
„Paß auf!“ kreischte ein Affe. „Du bist aber mutig“, grunzte ein Wildschwein. „Mach keinen Unfug!“ zischte die Schlange. In einiger Entfernung aber stand ein riesiger Elefant. Er glotzte ein Weilchen. Als aber Dino plötzlich begann, ein ganzes Büschel Bananen vom Baum zu reißen, wurde es ihm zu bunt. Er stampfte laut trompetend herbei, packte das Dinosaurierkind mit dem Rüssel und setzte es auf den nächsten Baum. Und hätte der kleine Dino den Elefanten nicht um Verzeihung gebeten, er würde wohl heute noch oben sitzen.

Das Löwenzahnkind im Garten

Berti Bachmann, Florence Pahr

Auf einer Frühsommerwiese standen viele Löwenzahnblumen. Sie waren bereits alle miteinander ganz flauschig und weiß geworden. Nichts konnte bisher das Löwenzahnleben durcheinanderbringen. Nur ein paar Kinder waren im Frühling gekommen, um Blüten für einen Blumenkranz zu sammeln. Bis eines Tages der Wind auftauchte und viele kleine Löwenzahnfallschirmchen mit ihren winzigen, braunen Samen daran einfach mit sich nahm. Die übrigen Löwenzahnblumen riefen der weißen, schwebenden Schar noch ein kurzes „Macht es gut!" und „Wir sehen uns bald wieder!" nach und schon war sie hinter den nächsten Haselnußsträuchern verschwunden. Als der Wind außer Atem gekommen war, hörte er auf zu blasen, und ein Fallschirmchen nach dem anderen setzte sich nieder: auf einen Maulwurfshügel, auf ein Blatt, auf eine Ackerfurche, neben einen Weg, an den Waldrand oder auf einen Stein. Dem Fallschirmchen, das auf dem Stein gelandet war, gefiel es hier gar nicht. Hier war es zu hart, und es beschloß, weiterzuschweben, um sich woanders hinzusetzen. Aber auch in der Regenpfütze, auf dem Baumstumpf und am Gartenzaun war es zu ungemütlich für einen Löwenzahnsamen.
Schließlich landete er in Nachbars Garten. Das Löwenzahnkind war angenehm überrascht über das weiche Erdbett, in dem es nun saß. „Hier ist es schön, und wie bunt die Radieschen und Karotten aus der Erde lachen! Und das Gänseblümchen und das Veilchen sind zwar schon etwas größer als ich, aber sehen ganz hübsch aus. Und die Sonnenblume da drüben, die ist ja noch größer als meine Mama. So groß würde ich auch gerne einmal sein". In dem Moment, als das kleine Löwenzahnkind an seine Mama dachte, wurde es traurig. Und so sehr es sich auch reckte und Ausschau hielt, die Mama konnte es nicht sehen. Alles war so fremd und anders als auf der heimatlichen Löwenzahnwiese. „Alles steht hier im Garten in Reih und Glied. Und so viele Dinge gibt es hier, die ich gar nicht kenne."
Plötzlich sprühte jemand Wasser über das Löwenzahnkind, und auch alle anderen Pflanzen im Garten bekamen ihre Gießkannenjause. War

das ein Schrecken für das Löwenzahnkind! Und es schloß die Augen. Als es die Augen wieder öffnete, merkte es, wie die Sonne ganz heiß auf es herabschien. Kein Haselnußstrauch war in der Nähe, der ihm wie zu Hause Schatten spendete. Da wandte die große Sonnenblume ihren blühenden, gelben Kopf dem Löwenzahnkind zu, sodaß dieses genug Schatten hatte. Sie nickte ihm freundlich zu und sagte mit sanfter Stimme: „Du wirst sehen, aus dir wird in unserem Garten ein wunderschöner gelber Löwenzahn werden."

Ein schwarzes Schaf

Inge Rappl,
Maria Reschenhofer

Heute ist ein warmer Sommertag. Viele Schafe weiden auf der großen Wiese neben dem Bauernhof. Die drei weißen Schafekinder sind die schnellsten Läufer und die besten Gräsersucher auf der Weide. Beim Weidespielplatz kommen sie immer zuerst an. Die schönsten Gräser und Blätter gehören ihnen. Bald sind auch die anderen Schäfchen da. Zum Schluß kommt immer das kleine schwarze Schaf. Es muß mit Disteln und Brennesseln spielen, denn die schönsten Gräser und Blätter haben sich schon die anderen Schafe genommen.

Nach einer Weile beschließen sie, etwas gemeinsam zu spielen. „Wir bauen einen Trampelpfad durch die Weide", blöken die Weißen. „Nein, ein Buschversteck", blöken die Gefleckten. „Nein, wir wollen Kräuter suchen", blöken die Schwarzen. „Ein Weg wird gebaut, aus basta!" bestimmen die Weißen. „Immer nur zu tun, was die Weißen sagen, ist mir zu dumm!" Wütend läuft das kleine schwarze Schäfchen davon. Ärgerlich versteckt es sich hinter einem Busch und beobachtet die anderen. Da sieht es plötzlich am Waldrand den Wolf. Sofort läuft es in den Stall. Durch das Fenster sieht es den Wolf näherkommen. Die anderen Schafe spielen, ohne den Wolf zu bemerken.

Das kleine Schwarze ruft den spielenden Schafen zu: „Rettet euch, der böse Wolf kommt! Alle zu mir in den Stall!"

Bald sind alle in Sicherheit. Sie kuscheln sich aneinander und sind ganz still. Die weißen Schafe beschützen die schwarzen, die schwarzen Schafe beschützen die gefleckten, die gefleckten Schafe beschützen die weißen. Lange ist nichts zu hören. Ob der böse Wolf noch herumschleicht? Irgend jemand muß nachschauen! „Ich werde es wagen", flüstert das kleine schwarze Schäfchen. Alle sind einverstanden und froh.

Vorsichtig guckt es zum Fenster hinaus. Hier ist er nicht.

Das Schwarze schleicht einmal um den Stall. – Auch hier ist der Wolf nicht. „Er ist weg, er ist wirklich weg!" ruft es den anderen Schafen zu.

Wo ist die große Eichel?

Brunhilde Bergauf,
Friedemann Plötzlberger

Am Waldrand wuchs ein kleiner Haselnußstrauch. Neben ihm stand die Eiche. Sie war mächtig stolz auf ihre vielen, vielen glänzenden Eicheln, die an ihren Zweigen hingen. Hin und wieder ließ sie eine Eichel fallen. Es war das liebste Spiel des Haselnußstrauches, diese Eicheln einzufangen und unter seinen Blättern zu verstecken. Auch das Eichhörnchen, das seine Wohnung hoch oben in der Eiche hatte, hatte große Freude mit den Eicheln, denn diese waren ihm Nahrung und Spielzeug zugleich. Nicht selten kam es vor, daß dem Eichhörnchen eine Eichel entglitt und in die Wiese kollerte. Flugs kam es vom Baum herabgehuscht, um sein verlorenes Spielzeug wieder zu schnappen und damit auf den Ästen der Eiche herumzuturnen.

Eines Tages, als unserem Eichhörnchen wieder einmal eine Eichel aus den Pfoten fiel, landete dieses glänzende, wertvolle Stück knapp neben dem Haselnußstrauch. „So eine schöne Eichel habe ich noch nie gesehen! Die muß ich haben", sagte sich dieser erstaunt, und mit seinem größten Blatt deckte er schnell die Eichel zu. Schon kam das Eichhörnchen vom Baum gesprungen, huschte durch das Gras, suchte unter dem Sauerampfer, unter dem Farnkraut und zwischen den Wurzeln der Eiche. Aber so sehr es auch suchte, die Eichel blieb spurlos verschwunden. „Hast du meine Eichel gesehen?" fragte das Eichhörnchen den Haselnußstrauch. Doch der Haselnußstrauch schüttelte nur seine Zweige und tat so, als ob er von nichts etwas wisse. Das Eichhörnchen blieb traurig am Fuße der Eiche sitzen. Es fragte auch den Eichelhäher und den Laubfrosch. Aber niemand hatte die Eichel gesehen. Nur der Wind hatte das ganze Geschehen beobachtet. Und weil ihm das Eichhörnchen leid tat, fing er an, sanft durch die Blätter der Eiche, des Sauerampfers und des Farnkrauts zu streichen, sodaß sich die Blätter im Winde wiegten und langsam zu heben begannen. Auch das große Blatt des Haselnußstrauchs wurde sanft gelüftet. Und die große, glänzende Eichel kollerte unter dem Haselnußstrauch hervor. Da schämte sich der Haselnußstrauch und alle seine Blätter begannen sich vor Scham zu verfärben und fielen – eines nach dem anderen – zu Boden.

Töff und Klingeling

Bernadette Barbet,
Franziska Pöcher

Töff, das kleine Auto, konnte keine Ordnung halten. Oder wollte Töff keine Ordnung halten? Oder vergaß Töff darauf, Ordnung zu halten? Tufftuff wußte es nicht. Tufftuff war Töffs Vater. Er hatte sich schon oft über seinen Sohn, den kleinen Töff, geärgert: Töff hupte einfach, sooft er wollte. Töff sauste, wann immer und wo immer er wollte. Töff fuhr in die Wiese. Töff parkte im Blumenbeet. Töff verpuffte im Wald seine Abgase. Und Töff wollte keine Verkehrszeichen lernen.

Gerade heute war wieder Herr Wachtmeister Grau bei Herrn Tufftuff gewesen, um strenge Klage zu führen über das Verhalten des Bengels. Daraufhin brummte und knatterte Herr Tufftuff seinen Sohn empört an: „Ab heute gibt es für dich weniger Benzin, in der Garage mußt du in der hintersten Ecke stehen und den neuen Rückspiegel bekommst du auch nicht."

Da stand er nun, der kleine Töff, ganz hinten in der Garage und ließ Kühlwassertränen zu Boden tropfen.

Plötzlich hörte er ein Geräusch neben sich. „Sei nicht traurig", sagte Klingeling, das Fahrrad. „Auch ich mußte einmal zur Strafe einen Tag lang im Keller stehen, weil ich bei Rot über die Kreuzung gefahren bin. Weißt du, Ordnung muß sein!" „Ordnung, was ist das?" fragte Töff. „Ich meine die Straßenverkehrsordnung. Komm mit mir, ich werde dir zeigen wie das geht." Und schon kurze Zeit später sah man Töff und Klingeling in gemächlichem Fahrradtempo über alle Straßen des Landes rollen. Jede Verkehrstafel kannte die beiden schon und lachte ihnen entgegen, wenn sie das friedliche Paar daherkommen sah. Und alle freuten sich, daß die beiden alles beachteten, was ihnen die Verkehrstafeln zuriefen.

Das Müllschluckerauto

Balduin Brauser, Fini Puchinger

Wie jeden Montag fuhr auch heute das große, orange Müllauto los, um den Müll der Leute abzuholen. Es war ein sehr gefräßiges Müllauto, das ständig Hunger hatte. Viele Mülltonnen trank es aus und schlang deren Inhalt in sich hinein. Trotzdem verspürte es immer noch Hunger, wenn es abends nach Hause kam und den Müll am Sammelplatz ausleerte. „Ach, wenn es nur noch mehr Müll gäbe", stöhnte das Müllauto hungrig. Auch heute kamen ihm die Mülltonnen wieder viel zu klein und viel zu wenig gefüllt vor. Aber was sah es da? Stand da nicht ein Behälter mit leckerem Zeitungspapier neben der Mülltonne? Und gierig schlang es die Zeitungen in sich hinein. Als das Müllauto um die nächste Kurve fuhr, stieg ihm ein wunderbar fauliger Geruch in die Nase: ein Komposthaufen. Das Wasser lief ihm vor Appetit in der Motorhaube zusammen. Flugs war auch der Komposthaufen verschlungen. Schwerfällig und mit dickem Bauch rollte das Auto weiter und blieb an der nächsten Kreuzung stehen. „Diesen prallgefüllten Aludosen-Container da neben der Ampel wollte ich mir schon lange schmecken lassen." Und auch die rostigen Alteisenstangen wurden wie Soletti verschlungen. Die Fahrt des Müllautos wurde immer träger. Das Durcheinander in seinem Bauch verursachte ein unheimliches Rumpeln. Bei der Sammelstelle angekommen, war das Müllauto froh, seine schwere, rumpelnde Last abzukippen. Da staunte der Müllbagger nicht schlecht, als er dieses Durcheinander sah. „Wie soll ich in dieses Durcheinander jemals wieder Ordnung bringen?" fragte er. „Und wie du erst aussiehst! Du bist ja ganz verklebt vom Kompost, verstopft vom Papier und zerbeult von den Eisentrümmern. Du brauchst drei Tage für die Reinigung, Reparatur und Pflege."

Da stand es nun, das Müllauto und sehnte sich nach dem Tag, an dem es wieder losfahren und die Mülltonnen vorschriftsmäßig ausleeren durfte.

Die Heckenrose am Wegesrand

Bruno Brandstetter,
Ferdinand Pohl

Am Wegrand standen viele Sträucher – ein Strauch neben dem anderen. Mitten unter ihnen wuchs auch die Heckenrose. Sonntags kamen viele Spaziergänger den Weg dahergewandert. Manche fanden in der Hecke eine Brombeere, eine Himbeere, ein schön geformtes Blatt, ein Zweiglein vom Flieder oder beobachteten ein Vogelnest.

Dies alles betrachtete die Heckenrose mit großem Neid. Sie wollte auch beachtet werden. Zu gerne hätte sie gehört, wenn ein Kind gerufen hätte: „Seht doch diese wunderbare Blume an, die gefällt mir!“ Doch zu klein waren die Blüten des Rösleins und zu groß waren die Blätter der anderen Sträucher, als daß die Heckenrose Beachtung gefunden hätte. Das Röslein versuchte nun laut mit seinen Blättern zu rascheln, dann mit seinen Blütenköpfen zu wackeln und seine Wurzeln auszustrecken. Aber das alles half nichts. Niemandem fiel das Röslein auf. Da kam ihm eine Idee. Es begann zu duften und zu duften, bis ein kleiner Bub vorbeikam, der plötzlich stehenblieb und rief: „Mama, da riecht es aber gut!“ Und er kam einen Schritt näher. Schnell versteckte das Heckenröslein seine Stacheln. Der Bub kam noch näher, streckte seine Hand aus, um eine Blüte zu pflücken. Mit einem Schrei zog er seine Hand zurück. Das Röslein hatte ihn kräftig gestochen. Weinend lief der Bub zu seiner Mama.

Seit diesem Tag weiß das Röslein, daß es für eine Heckenrose besser ist, in Ruhe gelassen zu werden und sich still am Leben zu erfreuen.

Stichwortverzeichnis